中国图书馆事业发展报告 2007

中国图书馆学会
国 家 图 书 馆 编

北京图书馆出版社

图书在版编目(CIP)数据

中国图书馆事业发展报告 2007/中国图书馆学会,国家图书馆编. —北京:北京图书馆出版社,2008.5

ISBN 978-7-5013-3638-8

Ⅰ.中… Ⅱ.中… Ⅲ.图书馆事业-研究报告-中国-2007 Ⅳ.G259.2

中国版本图书馆 CIP 数据核字(2008)第 063323 号

书名　中国图书馆事业发展报告 2007

著者　中国图书馆学会
国家图书馆　编

出版　北京图书馆出版社(100034 北京市西城区文津街 7 号)

发行　010-66139745　66151313　66175620　66126153
66174391(传真)　66126156(门市部)

E-mail　cbs@nlc.gov.cn(投稿)　btsfxb@nlc.gov.cn(邮购)

Website　www.nlcpress.com

经销　新华书店

印刷　北京兴华昌盛印刷有限公司

开本　880×1230(毫米)　1/32

印张　8.125

版次　2008 年 5 月第 1 版　2008 年 5 月第 1 次印刷

字数　200 千字

书号　ISBN 978-7-5013-3638-8/G·766

定价　30.00 元

《中国图书馆事业发展报告2007》
编纂委员会名单

编写说明

本《报告》反映2006年度中国图书馆事业发展基本情况。

本《报告》由中国图书馆学会、国家图书馆组织编纂，得到中国图书馆学会各分支机构、首都图书馆、有关专家学者以及北京图书馆出版社的鼎力支持，谨致谢忱！

目　录

综合报告

分报告

综 合 报 告

一、概述

从宏观意义上讲，中国图书馆事业主要指全国各级各类图书馆，以及与之相关的各级行政管理体系、政策环境，图书馆学专业教育与图书馆学研究，行业学（协）会组织等。

具体而言，2006 年中国的图书馆事业主要包括以下几个部分：

（一）国家图书馆

中国国家图书馆是综合性研究图书馆，是国家总书库，履行搜集、加工、存储、研究、利用和传播知识信息的职责。国家图书馆是全国书目中心、图书馆信息网络中心、图书馆发展研究中心，承担着为中央和国家领导机关、重点科研、教育、生产单位社会公众服务的任务，代表国家执行有关对外文化协定，开展与国内外图书馆界的交流与合作。国家图书馆现有馆舍建筑面积 17 万平方米，正式工作人员约 1300 人。2006 年接待到馆读者 3 905 361 人次，文献流通量 18 026 417 册次，办理读者证卡 114 773 个，网上读者点击率为 16 015.9 万人次。此外，还通过讲座、展览等形式服务公众，全年举办各类型讲座 257 讲，听众 30 666 人次。截至 2006 年底，馆藏文献总量达 2580 万册（件）。

（二）公共图书馆

公共图书馆是政府公共服务的重要组成部分，它的存在是使公民享有最基本的文化信息权利与受教育权利的重要条件，是实现面向大众的文化关怀、文化享有、文化提高、文化创造的重要方式。

截至 2006 年底，全国县级以上公共图书馆共有 2777 个，其中，县级图书馆 2391 个，独立建制的少年儿童图书馆 86 个。从业人员 50 011 名。现有公共房屋建筑面积 702.5 万平方米，平均每馆建筑面积 1616 平方米。阅览坐席 50 万个，电子阅览室终端数 37 036 个。

2006 年全国公共图书馆文献总藏量 47 454 万册（件），其中图书 43 318 万册。总流通人次为 24 826 万，书刊外借册次 19 236 万。共举办读者活动 82 288 次，参加人次 2726 万。发放借书证 1149 万个。

2006 年公共图书馆财政拨款 290 268 万元，比上年增加 36 070 万元，增幅为 14.2%。总支出 313 936 万元，比上年增长 10.6%。2006 年新增藏量购置费 59 750 万元，其中图书购置费 53 092 万元，比 2005 年增长 11.1%。

（三）高校图书馆

高校图书馆是我国图书馆事业不可或缺的重要组成部分，是为所在院校教学和科学研究服务的文献信息中心，是学校信息化和社会信息化的重要基地。高等学校图书馆的建设和发展与学校的建设和发展相适应，其水平是学校总体水平的重要标志。

2006 年，全国共有高等教育院校和机构 3901 所，其中普通高等学校和成人高等学校 2311 所，民办高校 278 所，独立学院 318 所，民办其他高等教育机构 994 所。这些院校和机构均设置了规模不等的校（院、系）属图书馆（室）。拥有在校师生读者 1200 余万人，其中在学研究生 110.47 万人（博士生 20.8 万人，硕士生

89.66万人)，在校本专科生524.88万人；民办高校在校生133.79万人，独立学院在校生146.70万人，民办其他高等教育机构注册学生93.9万人；普通高等学校教职工187.26万人，成人高等学校教职工14万人。[①]

(四) 专业图书馆

在中国的各大图书馆系统中，专业图书馆系统是数量最多、种类最杂、规模各异、从业人员最多的一种类型，广泛地分布于各行业中，覆盖了我国科研机构、政府体系、事业机构、非政府组织、厂矿企业等范围。

为适应网络化、数字化、信息化的新环境，近年来，一些跨地区、跨行业、跨部门的新型的、区别于传统图书馆服务模式的专业文献情报机构和组织相继产生，如由科技部牵头，联合中国科学院、财政部、教育部等成立的国家科技图书文献中心(NSTL)，成员单位包括中国科学院文献情报中心、工程技术图书馆、中国农业科学院图书馆、中国医学科学院图书馆等。2006年，中国科学院整合院级文献情报中心，成立中国科学院国家科学图书馆，总馆设在北京，下设兰州、成都、武汉法人分馆，并依托若干研究所（校）建立特色分馆。

(五) 其他系统图书馆

医院图书馆

全国约有1.92万家医院、近200家医学科研机构、数万乡镇医院建有专门的图书馆（室）或医学信息部门，总馆舍建筑面积约350万平方米。现有纸质资源馆藏约9500万册，年经费约计65 841.9万元，主要依靠国家的财政拨款和上级单位事业费拨款。

① 数据来源：《2006年全国教育事业发展统计公报》

图书馆工作人员约为 7 万人。每年接待读者数量约 8390 万人次；借阅文献数量约 6800 万册；通过因特网、网站等多种方式，为卫生科技人员提供医学文献信息服务达 120 000 余万人次。

军队院校图书馆

2006 年，全国军队院校图书馆有 94 所，总建筑面积为 48.9 万平方米，图书馆从业人员 2100 人，馆藏文献 3910 万册（件），借阅流通量 712 万册件，网上访问图书馆信息资源千万人次以上，到馆读者量 1012 万人次。

工会图书馆

包括全国总工会及其所属各级工会的图书馆（室）以及厂矿、企业的工会图书馆（室）等。截至 2006 年 9 月底，全国基层工会共有直属文化宫俱乐部 2.6 万个，馆藏图书 1 万册以上的直属图书馆 1.4 万个；全国县及县级以上地方工会共有直属文化宫俱乐部 1469 个，馆藏图书 1 万册以上的直属图书馆 307 个。①

中小学图书馆

2006 年，全国共有小学 34.16 万所，按 40% 的比例计算，约有图书馆（室）13 万余所；在校师生 11 323.53 万人，按 40% 计，拥有读者约 4529 万人。中学 92 570 所，其中初中学校 60 885 所，高中阶段教育学校（包括普通高中、职业高中、普通中等专业学校、技工学校、成人高中、成人中等专业学校）31 685 所，按 70% 的比例计算，约有图书馆（室）6 万余所；在校师生 10 884.61 万人，按 70% 计，拥有读者约 7619 万人。②

另外，还有党校图书馆系统和团校图书馆系统等。

（六）图书馆学教育

截至 2006 年 12 月，我国共有 48 所院校及图书馆开展图书馆

① 数据来源：《2006 年中国工会维护职工权益蓝皮书》

② 数据来源：《2006 年全国教育事业发展统计公报》

学专业教育，其中，专科教育点3个，本科教育点28个，硕士生教育点40个，博士生教育点9个，获得一级学科博士点授予权的有5个机构，建立了博士后流动站的有2所院校。

同时，还有15个图书馆学教学单位开展继续教育，其中15个教学机构开设了研究生课程进修班，8个教学机构开设了本科函授教育，3个教学机构开展网络教育，还有一些学校设有夜校、成人教育、自考等继续教育的方式。

我国的图书馆学教育已经形成了一个从学士、硕士、博士到博士后以及职业继续教育的多层次、较大规模且较为完整的专业教育体系，呈现出良好的发展态势。

（七）图书馆学研究

2006年我国图书馆学研究取得了丰硕的成果，初步显现出理论深化、面向现实、多头并进的良好局面。通过检索中国期刊网（CNKI）“图书馆学、图书馆事业”专题数据库，检索到2006年发表的期刊论文16 153篇，比2005年的13 371篇增长了21%。其中，核心期刊论文3994篇，比2005年的3480篇增长约15%；核心期刊中“基金论文”（国家社科基金、国家自然科学基金等资助的研究项目）447篇，比2005年的382篇增长约17%。同时，2006年还出版了一批图书馆学方面的专门著述，这些论文和著述主要涉及的领域有图书馆学基础理论、信息资源建设、信息资源组织、数字图书馆建设、图书馆管理与法制建设等各个方面。

（八）中国图书馆学会

中国图书馆学会是由全国图书馆及相关行业或机构科技工作者自愿结合成立的全国性、公益性、学术性、非营利性的群众团体，是党和政府联系图书馆工作者的桥梁和纽带，负有孕育创新思想、激发创造活力的重要功能，承担着促进学科发展和人才成长、推进自主创新、传播科学文化、规范学术行为、促进学术生态建设、提供服务和反映诉求等重要职责，因此，中国图书馆学会是我国图书馆事业发展中不可或缺的、发挥独特作用的一支重要力量。截至2006年底，学会的个人会员近万人，团体会员215家；已成立了专业图书馆分会、高校图书馆分会、党校图书馆委员会、军队院校图书馆委员会、工会图书馆委员会、团校图书馆委员会、医院图书馆委员会和中小学图书馆委员会8个分支机构；全国30个省（自治区、直辖市）建立了省级图书馆学会（除台湾、海南以外），各地（盟州）和部分县也建立起相应的图书馆学会，总计约300个。从而形成了以中国图书馆学会为主干，各分支机构为枝干，各地方学会为辅助，全国会员为基础的组织网络。

二、发展状况

2006年是我国“十一五”规划开局之年，胡锦涛《在全国科学技术大会上的讲话——坚持走中国特色自主创新道路 为建设创新型国家而努力奋斗》（2006年1月9日）、《国家“十一五”时期文化发展规划纲要》（2006年9月13日）、《信息网络传播权保护条例》（2006年7月1日）等有利于图书馆事业健康有序发展的重要政策、法规的相继颁布与实施，为2006年我国的图书馆事业奠定了良好的政策、法律环境与氛围。

同时，由于我国各类型图书馆分别隶属不同的行政管理部门：国家图书馆由文化部管理，公共图书馆由文化部及各地的文化行政机关管理，高等学校图书馆由教育部和各省（市）教育厅（局）以及所在学校分别管理，专业图书馆由各部（委）和各地有关部门管理，工会图书馆由中华全国总工会及其所属各级工会管理，中小学图书馆由各地教育机构及所在学校管理等，这些不同类型图书馆的建设与发展，还分别接受所属系统行政管理机制的调配和制约，以及不同服务对象的特有需求的影响，因而呈现出不同的发展态势和特点。

2006年我国图书馆事业发展特点主要体现在10个方面：构建服务体系，提升服务功能；扶助弱势群体，促进社会和谐；整合文献资源，加快数图建设；改革现有机制，增强整体活力；加强行业自律，健康有序发展；开展科普阅读，拓展社会职能；中文工作语言，扩展国际影响；适应职业需求，完善教育体系；理论联系实际，引领事业发展；聚合群体智慧，搭建互动平台。

分述如下：

（一）构建服务体系，提升服务功能

公共图书馆事业是社会公共文化服务体系的重要组成，完善公共图书馆服务体系，提升整体服务功能，是目前公共图书馆的中心工作。2006年，各地政府均加大了对公共图书馆的资金投入，并将构建适合本地实际状况和发展需求的公共图书馆服务网络作为政府重要文化工程来实施，取得了良好的社会效益，如上海市中心图书馆网络、北京市公共图书馆服务网络、深圳“图书馆之城”、东莞市集群图书馆网络、佛山市联合图书馆、杭州地区四级公共图书馆服务网络、苏州市城区公共图书馆网络等。这其中，总分馆制成为一种公认的重要的发展模式。

服务是公共图书馆赖以存在和发展的基础。2006年，公共图书馆在服务理念、服务手段、服务领域等方面均有不同程度的提升和拓展。“以书为本”转向“以人为本”，方便、快捷、全方位地满足读者需要成为新世纪公共图书馆追求的目标。截至2006年底，全国近70%的省级图书馆开通了网上参考咨询服务，提供E-mail、FAQ、留言板等多种形式服务。在传统文献借阅方面，自助式服务成为未来发展的一个新趋势。个性化特色服务成为公共

图书馆读者服务体系的重要组成部分。此外，公共图书馆也更加注重讲座、展览、休闲等延伸服务的开展。

（二）扶助弱势群体，促进社会和谐

保障弱势群体的社会权益是构建和谐社会的核心问题。努力保护弱势群体信息与文化权益，维护信息公平，是新时期公共图书馆的重要职责。

从 1998 年起，北京、上海、天津、广州等地图书馆纷纷将为盲人服务纳入公共图书馆服务体系之中，建立公共图书馆的无障碍通道，丰富盲人馆藏资源。2006 年底，全国已有近 50 家公共图书馆为盲人提供服务。近年来，保障农民工的文化权益也成为公共图书馆的重要职责。首都图书馆、广西图书馆、广西桂林图书馆、湖南少年儿童图书馆分别建立农民工图书室和少儿流动分馆，向农民工和民工子弟提供流动图书服务。此外，儿童、妇女、老年人等特殊弱势群体也不同程度地得到图书馆服务的重点关注。

2006 年“中国图书馆学会志愿者行动”是我国图书馆界自助、自立、自强的一个成功范例。26 位来自全国各地、各单位的志愿者前往湖南省衡阳市、陕西省榆林市和黑龙江省牡丹江市等地，对中西部欠发达地区的 300 多名基层图书馆馆长进行为期一周的图书馆先进理念和实际业务技能的集中培训。整项活动从发起、筹备、实施，历时近半年，实际效果和社会反应良好，对我国图书馆事业的和谐发展起到积极的促进作用。

（三）整合文献资源，加快数图建设

2006 年 8 月 3 日，发改委和财政部委托教育部召开“十五”“211 工程”公共服务体系建设项目专家验收会，CADLIS（中国高等教育数字化图书馆）通过了专家验收。以 CADLIS 平台为基础而

启动的“中国高校人文社会科学文献中心（CASHL）”现拥有160多家成员单位，包括高校图书馆和其他人文社会科学研究机构；个人用户12 000多个。截至2006年，已购买7500多种国外人文社会科学领域的重要期刊，900多种电子期刊，20余万种电子图书，以及“高校人文社科外文期刊目次库”、“高校人文社科外文图书联合目录”等数据库，提供数据库检索和浏览、书刊馆际互借与原文传递、相关咨询服务等，已接受检索请求达千万次，原文传递请求14万多篇。

CADLIS和CASHL的建设赢得国内外图书馆界的广泛赞誉。

2001—2006年，在中国科学院知识创新工程的支持下，中国科学院国家科学图书馆组织实施“国家科学数字图书馆项目（CSDL）”，2006年累计为全院开通文献数据库78个，其中新增22个文献数据库，外文全文电子期刊达到7459种。通过争取Workstation方式和“园区IP”方式，为有特殊需求的38个研究所提供了20种文献数据库的服务，使*Science*和*SCI*等多种核心资源的保障能力得到显著提升。

2006年，“国家图书馆二期工程暨国家数字图书馆工程”建设取得关键性进展：加强对国家数字图书馆工程近30个子项目的管理；制定各数字资源验收标准；组织完成国家数字图书馆工程信息化监理招标工作；开通“数字资源服务调查及统计系统”，在完成数字图书馆建设业务需求的基础上，通过招标程序，委托具有设计资质的单位编制细化设计方案。

全国文化信息资源共享工程是新形势下构建我国公共文化服务体系，惠及千家万户的一项重要文化基础工程。2006年，“共享工程”初步形成了覆盖全国的服务网络，辐射人群上亿，逐步构建起具有一定规模的文化信息资源库群。“共享工程”主要通过互联网，并联合卫星传送、光盘、移动存储方式、数字电视或有线电视传输资源。

（四）改革现有机制，增强整体活力

2006 年，国家图书馆相继出台《国家图书馆 2006—2010 年人才发展规划》、《国家图书馆学术道德规范》、《国家图书馆创新服务实施办法》、《2006—2010 年国家图书馆创新服务主要项目》和《国家图书馆服务规范》等规章制度，落实“人才兴馆”、“科技强馆”、“服务立馆”战略。同时，为巩固改革成果，进一步做好岗位调整、细化和完善工作，调整了专业技术类 3—6 级岗位的岗位名目、职责、等级和固定岗位职数，使岗位管理更趋科学和规范。

2006 年，高校图书馆继续开展以“定岗定编”为中心的人力资源管理创新，根据各个部门的发展需要，严格设定岗位职责和人员编制，依据岗位和编制的数量给予津贴和相关补助，成果显著：图书馆的建筑面积有了大幅度增长，而图书馆的职工人数却没有增长，服务质量反比以前有了很大提高。

2006 年，中科院国家科学图书馆专门设置 40 个学科馆员岗位，在各个研究所成立“国家科学图书馆学科化信息服务站”，实行学科馆员在研究所的公开挂牌服务，并与研究所指定的图书馆员结成团队，保证研究用户随时随地获得服务。目前，已与 108 个研究所建立了联系，共有 77 个所已经启动学科化服务，已经在 65 个研究所建立了“学科化信息服务站”。

（五）加强行业自律，健康有序发展

2006 年 1 月，中国图书馆学会召开 2006 新年峰会，“图书馆法制环境的构建与行业自律”成为核心议题之一。

2006 年上半年，围绕国家《信息网络传播权保护规定》的出台，中国图书馆学会联合国家图书馆、业内专家学者多次调研、讨论，向有关决策部门反映业内的诉求与呼声，并向国务院法制

办正式递交了《关于对〈信息网络传播权保护规定〉的意见》。

2006年8月，教育部高等学校图书情报工作指导委员会二届三次会议审议通过了《普通高等学校图书馆文献集中采购工作指南》，并于10月正式发布。该指南以《中华人民共和国招标投标法》、《中华人民共和国政府采购法》、《教育部政府采购管理暂行办法》等有关法律法规为依据，与该委员会制订的其他文献资源建设的指南共同构成完整的文献资源建设发展指南，适用于各种类型和规模的高等学校图书馆，既满足了反对商业贿赂的要求，又提供了预防专业犯罪、规避职业风险的正确做法，因而受到了各高校图书馆的重视和欢迎，发挥了很好的指导和规范作用。

2006年10月，中国图书馆学会组织召开“图书馆文献采访工作研讨会”，草拟《图书馆文献采访工作者行为准则》，倡导行业自律，规范图书供需市场。

（六）开展科普阅读，拓展社会职能

2006年，全国各地图书馆举办了丰富多彩的科普和阅读活动，各式各样的“科技周”、“服务宣传周”、“读书月”等活动成为图书馆扩大宣传、拓展社会职能的重要方式。如北京科技周首图分会场“科技·人文·社区”三大主题的系列科普活动，安徽图书馆“倡导全民阅读，构建学习型社会”服务宣传周活动，上海图书馆“欢乐暑假、悦读上图——儿童与阅读系列活动”，东莞图书馆的“城市悦读”读书节活动，均取得了良好的社会反响。

2006年4月23日“世界读书日”，中国图书馆学会与国家图书馆联合社会各界力量，在国家图书馆文津广场举办主题为“图书馆：公众的权益和选择——来吧，到这里读书”的大型公益活动。同日，中国图书馆学会第一届科普与阅读指导委员会成立大会在广东东莞召开，标志着中国图书馆学会在推动科普阅读工作方面有了专门的组织机构，将在推动全民阅读、提升公众的科学

文化素质方面，实现和拓展图书馆的社会价值。

作为开展科普阅读活动的一项重要手段，公益讲座被越来越多的图书馆所重视，并形成了一系列讲座品牌，如国家图书馆的“文津讲坛”、上海图书馆的“上图讲座”、首都图书馆的“乡土课堂”、大连图书馆的“白云论坛”、深圳南山图书馆的“博士论坛”等，均成为各馆的文化品牌。2006 年，我国各地图书馆的公益讲座继续蓬勃发展，其中长春图书馆“城市热读”讲座、成都市图书馆“周末公益讲座”成为城市文化品牌，取得了很好的社会效益。

（七）中文工作语言，扩展国际影响

2006 年，经过中国图书馆界几代同仁长期不懈的努力和争取，国际图联终于决定将中文列为国际图联工作语言。8 月 19 日，具有里程碑意义的中文代表预备会议在第 72 届国际图联大会开幕之前召开，近 200 位中国和海外华人代表亲临现场庆贺。国际图联主席发表贺词，当选主席卢克斯到会视贺，并与中国图书馆学会詹福瑞理事长、文化部刘小琴副司长一起为《国际图联快报》（中文版）第一期揭幕。

中文成为国际图联工作语言，将为中国代表直接表达观点提供便利条件，从而充分实现中国代表的话语权，提高中国图书馆界的国际声誉和在国际图联的影响力。

以此为契机，中国图书馆学会组织 158 名国内各地图书馆界代表参加了在韩国首尔举行的主题为“图书馆：知识与信息社会的动力引擎”的第 72 届国际图联大会，其中 16 名中国代表作了论文交流，是中国代表在国际图联大会上交流论文最多的一次。会议期间，中国图书馆学会分别与日本图书馆协会、韩国图书馆协会、加拿大图书馆协会等会晤，就双方之间的交流与合作进行探讨并达成共识。

（八）适应职业需求，完善教育体系

面临全新的数字化环境和图书馆事业发展的良好机遇，图书馆学教育如何通过自身的变革以适应图书馆职业和时代发展的变化与需求，是2006年图书馆界普遍关注的热点话题。

2006年10月，在武汉大学举办了“第二届中美数字时代图书馆学情报学教育国际研讨会”，汇聚中美两国及中国台湾地区的120余位图书馆学教育专家和图书馆专家，对数字环境下图书馆学教育变革与发展进行了全方位、高层次、多角度的探讨。会议特别强调促进图书情报学教育与图书情报实践之间的联系，签署了《中国大学图书情报与档案学类教育发展方向及行动纲要》，吸收当今世界图书馆学情报学教育的先进理念，将人才培养目标与职业需求环境紧密结合起来，引领和规划了我国图书馆学教育变革与发展的方向。

2006年11月，在安徽大学召开了教育部高等学校图书馆学学科教学指导委员会第五次工作会议，主题是图书馆学优质教学资源的配置与建设。会议从一个具体的领域切入，探讨图书馆学教育的改革问题，对促进图书馆学教育的发展具有重要的指导作用。

（九）理论联系实际，引领事业发展

社会性、实践性是图书馆学与生俱来的本质特征与生命力所在。《中国图书馆学会“十一五”期间工作规划》（2006年2月审议通过）明确了未来学术研究与学术交流的工作重心——鼓励和加强具有针对性和实效性的专项调查研究工作，如和谐社会与图书馆事业发展、县级图书馆与社区图书馆、图书馆立法、图书馆权利与行业自律、图书馆活动与著作权问题、职业资格认证制度的建立与实施、图书馆建设标准与评估制度、图书馆文化构建、图书馆公共关系的理论与实践、文献信息资源建设与共享模式等。

《中国图书馆学会第七届学术研究委员会工作思路》则进一步明确今后工作总体目标——要以求真务实的勇气和作风，围绕事关事业发展全局的重大理论和实践问题开展研究，进而为图书馆更好地承担社会责任、履行社会职责、实现社会功能提供思想、理论和学术研究支撑。

反观2006年图书馆学的研究走向和研究成果，以及各项学术交流活动的组织、实施，如中国图书馆学会2006年年会、第三届青年论坛等，理论联系实际，引领事业发展这一核心精神得到了较为充分的体现，并成为2006年度图书馆学术研究和交流活动的突出亮点。

（十）聚合群体智慧，搭建互动平台

在我国各级各类图书馆多头管理的现有体制下，学（协）组织在聚合群体智慧、搭建互动平台，进而推动事业整体、有序、和谐发展方面，作用明显，不可或缺。

2006年2月18日，中国图书馆学会七届二次常务理事会审议通过了《中国图书馆学会“十一五”期间工作规划》，规划了未来五年中国图书馆学会的工作方针和工作重点，具有重要的指导意义。

在此基础上，2006年中国图书馆学会策划、组织了一系列特点突出、效果显著的活动和项目，如2006新年峰会、2006年年会、第三届青年论坛、志愿者行动、“世界读书日”活动、“全国科普日”活动，以及实施中文工作语言、递交《关于对〈信息网络传播权保护规定〉的意见》、编制《公共图书馆建设标准》等，这些活动、项目紧扣“构建和谐社会”、“建设社会主义新农村”等社会热点和业内需求，不仅为学会自身赢得了尊重和信任，同时也在行业内外引发较大反响，取得良好社会效益。

三、问题与展望

构建和谐社会是2006年乃至今后相当长时期中国社会发展的主旋律，围绕这一主旋律，如前所述，2006年的中国图书馆事业取得了令世人瞩目的良好成绩，但无论是和世界发达国家相比，还是与中国社会发展进程以及社会公众的现实需求相比，中国的图书馆事业还有许多未尽如人意之处，还有很大的发展空间。

就目前而言，中国的图书馆界亟须处理好三大矛盾：自律与他律；先进与落后；图书馆与社会。如何调动各方积极因素、激发全体从业人员的工作热情，在达成共识的基础上，团结一致，携手共进，是中国图书馆事业今后能否踏上繁荣兴盛高速发展之路的关键所在。

（一）自律与他律

行业自律是维系行业生存发展的基础。近年来出现的图书资源采购中的回扣问题、图书馆评估过程中的弄虚作假行为，以及读者服务工作中出现的一些问题，就其本质而言，都是由于缺乏自律而造成的不良后果。这些问题的出现，会严重损害行业机体，进而影响行业信任度。而解决这些问题的内在动源，是对图书馆行业核心价值的体认与共识，以及相关行业制度、标准的制定与实施。对此，业内各方已给予高度重视，相继推出《普通高等学校图书馆文献集中采购工作指南》、《图书馆文献采访工作者行为准则》，在2006年12月举行的“中国图书馆学会2007新年峰会”上，启动图书馆核心价值的研究、《图书馆服务宣言》的制订，以及《中国图书馆员职业道德准则》的修订等相关工作。

行业的有序健康发展需要适宜的管理机制和法律法规给予

保障。

管理机制的不相适宜、必要的图书馆法律法规的缺失，会对图书馆事业的健康发展带来直接的影响。尤其是在公共图书馆系统，在经费保障、从业人员素质，乃至延伸服务、总分馆制的推广等诸多问题上，事实证明，由于没有相应的法律法规保障，在现有按行政区划分级管理的管理体制下，很难取得持续、有效的进展和成果。因此，呼吁国家有关立法部门尽早制订图书馆相关法律法规，呼吁有关行政管理部门根据社会公众的实际需求变革现有管理机制、重新界定各级各类图书馆的功能定位，成为业内同仁的共识。

（二）先进与落后

我国2006年人均购书经费仅为0.5028元，人均图书拥有量为0.3367册，而国际图联《公共图书馆服务发展指南》的标准是人均1.5—2.5册。2006年北京每10万人口占有图书馆数的比例为0.15，而早在2003年，伦敦就达到了5.70，东京为2.87。中外比较，悬殊巨大。

同样的情况，也出现在国内经济发达与欠发达地区之间。2006年全国公共图书馆财政拨款总额为319 479万元，而北京、上海、广东财政拨款总额就达到了79 737万元，占全国财政拨款总额的24.96%。在全国34个行政区划中，上海市一年的财政拨款32 357万元，是西藏地区350万元财政拨款的92.45倍。而在基层图书馆中，差距尤为明显。在全国2300多个县级图书馆中，经济发达地区县馆年购书经费动辄数百万，堪与中西部地区省级图书馆比肩，而相当一部分经济欠发达地区的县馆却十几年未进一部新书。同样的差距，也表现在服务理念、服务水准、人员素质、馆舍建设等各个方面。

就目前形势而言，先进与落后地区这种发展的不平衡是制约中国图书馆事业整体水平提高的关键因素。对此，业内外均给予高度关注。相信随着《国家“十一五”时期文化发展规划纲要》的进一步贯彻落实，以及图书馆法制环境的进一步完善，上述这种发展进程中的不平衡会得到有效的改善。

(三) 图书馆与社会

作为一种社会机构，图书馆与社会联系密切，与社会公众的需求息息相关。

一方面，图书馆要在积极推动阅读社会构建、加强社会教育功能、加强弱势群体基本文化权益保障、完善公共文化服务网络等各个方面提升服务功能，满足社会公众的文化需求；另一方面，图书馆还要加大社会宣传力度，宣传现代图书馆的基本理念和职业精神，与社会（公众、政府、媒体、企业）建立并发展良好关系，化解危机，减少纠纷，为图书馆事业创造更好的外部环境。这样才能真正融入社会当中，为社会公众所认可，进而步入良性发展的轨道。

分报告一：国家图书馆

中国国家图书馆是综合性研究图书馆，是国家总书库，履行搜集、加工、存储、研究、利用和传播知识信息的职责。国家图书馆是全国书目中心、图书馆信息网络中心、图书馆发展研究中心，承担着为中央和国家领导机关、重点科研、教育、生产单位社会公众服务的任务，代表国家执行有关对外文化协定，开展与国内外图书馆界的交流与合作。

中国国家图书馆馆舍建筑面积17万平方米，现有正式工作人员约1300人，共有阅览室47个，实行全年365天开馆。

2006年国家图书馆接待到馆读者3 905 361人次，文献流通量18 026 417册次，办理读者证卡114 773个，网上读者点击率为16 015.9万人次。此外，还通过讲座、展览等形式服务公众，全年举办各类型讲座257讲，听众30 666人次。截至2006年底，馆藏文献总量达2580万册（件）。

正在建设中的国家图书馆二期工程暨国家数字图书馆工程，总建筑面积近8万平方米，设计藏书量1200万—1400万册，设计日均接待读者能力6000—8000人次。同期建设的国家数字图书馆工程将极大地拓展图书馆的服务空间，使之成为跨越时空界限的网上知识中心和信息服务基地。工程预计2008年投入使用。届时，国家图书馆总面积将达到25万平方米，居世界国家图书馆第三位。

2006年是我国“十一五”规划的开局之年，也是国家图书馆向“十一五”迈进的第一年。一年来，在文化部党组的正确领导下，以邓小平理论和“三个代表”重要思想为指导，以科学发展观为统领，以“固本强基”为基本思想，以强化业务与服务工作为重点，国家图书馆主要在夯实基础业务，提升服务水平上下工夫，进行了如下几方面工作：

一、着手基础业务建设，圆满完成2006年各项工作

（一）勾勒未来五年发展蓝图，推动国家图书馆可持续发展

“十一五”是国家图书馆发展的重要战略机遇期，国家图书馆以战略眼光，分析世界图书馆事业发展趋势，结合中国图书馆事业发展和国家图书馆现状，在大量征求意见的基础上，凝聚全馆员工的智慧，制定了《国家图书馆“十一五”规划纲要》。这是国家图书馆重要的纲领性文件，勾画出国家图书馆未来五年的发展蓝图，明确了发展目标和主要任务，厘清了办馆理念、办馆思路，建立了更加清晰的共同发展愿景，起到进一步凝聚人心、鼓舞力量的作用。

（二）基础业务工作稳步推进

一是加强文献资源建设。除圆满完成当年文献的采集、编目加工和典藏阅览服务外，还进行了部分业务工作的流程调整，协调解决了文献资源建设工作中的核对标准、工作量等问题，强化国家总书库职能，继续改善外部环境以实现国家图书馆中文书刊报缴送率的目标。

重点解决保存本文献的核查工作和未编书的编目工作。为了提高书目数据质量，成立专门工作组对2005年中文普通书书目数据进行检查。

二是网络与计算机管理保障有力。加强了对Aleph500硬件系

统和数据库的维护，门禁系统、NC 系统等应用系统维护工作，保证了应用系统全年的正常运行。完成 Aleph500 系统升级全过程的测试和数字资源门户系统升级等工作。

三是加大文献的开发力度。为解决古籍善本保护和利用的矛盾，完成了《全国古籍总目》修订书目数据的工作，启动了《古今图书集成》、《国家图书馆藏敦煌遗书》的编纂出版工作，举办“张秀民先生百年大寿庆贺会暨《中国印刷史》（插图珍藏增订版）首发式”，对于弘扬中华民族传统文化、促进学术研究和发展具有重要意义。

（三）进一步实施三大发展战略

第一，落实“人才兴馆”战略，打造人才梯队。

继 2005 年召开人才工作会议后，2006 年在人才规划、继续教育、创新人才、人才引进等方面取得了较大进展，出台了《国家图书馆 2006—2010 年人才发展规划》，正式启动“创新人才”计划，建立馆、处、科三级相结合的员工培训体系，不断提高员工创新能力和专业技术水平。

第二，落实“科技强馆”战略，促进科研工作。

为规范学术行为，制定了《国家图书馆学术道德规范》。对 2005 年度符合要求的学术论文、学术专著、科研立项、科研结题、发明专利、获奖科研成果等进行奖励，极大促进了员工进行科研的积极性。

组织实施第一次文津出版基金的资助出版活动，积极推荐国家图书馆部分项目参加文化部创新奖的评选，组织申报国家高技术发展计划和国家科技支撑计划等。

第三，落实“服务立馆”战略，实施服务创新。

2006 年召开了国家图书馆服务工作会议，出台了《国家图书馆创新服务实施办法》、《2006—2010 年国家图书馆创新服务主要项目》和《国家图书馆服务规范》等规章制度，实施了特邀读者评议制度。设立了“国家图书馆创新服务奖”和“国家图书馆优质服务奖”。为规范参考咨询服务，国家图书馆还首次建立咨询馆员制度。

2006 年，国家图书馆的服务工作呈现出多层次、多元化的特点，在构建以传统文献服务为基础，现代信息服务为主导，文化教育服务为补充的知识服务体系方面，迈出了关键一步。开拓为国家立法决策服务的新思路并取得突出成绩，在出色完成“两会服务”、“全国人大立法服务”、“中办信息专报”基础上，与中共中央办公厅机要局、中央政策研究室等单位，初步拟定长期合作协议，提高国家图书馆已有立法决策服务资源的利用效率。

成立了国家图书馆民航分馆，成功举办“交流·协作·共进——为国家立法与决策信息服务工作研讨会”，完成了“2006 年国家图书馆中央国家机关信息需求情况调研”工作。由国家图书馆承办的“部级领导干部历史文化讲座”，2006 年截至 12 月底，总计举办了 18 场，受到部级领导的欢迎。历史文化讲座满意率达到 67.5%，在社会上也产生了广泛影响。

以国家图书馆科技查新中心为基地，全面实践为重点科研生产单位服务。2006 年，科技查新总量比 2005 年增长了 47.7%。力争实现为高科技企业服务向长期性和系统化转变，与中国文物局等单位和企业签订长期合作协议；与苏州工业园区签署合作协议，挂牌“国家数字图书馆实验馆”，为科技自主创新服务；召开“医药企业的信息发现与企业创新暨 2006 第二届国家图书馆企业信息服务年会”，推出为“中小企业创新基金”服务项目；完成企业情报信息推送服务项目需求分析和测试，使国家图书馆为企业提供及时、有效和个性化的咨询服务成为可能。

注重为社会公众提供公益服务，保障公民基本文化权益。2006 年，国家图书馆推出很多服务创新举措：开通“国家图书馆网上咨询台”；进一步完善国家图书馆网站，增加了为农村、企业、图书馆界服务的专栏或专版；为保证读者在图书馆有较为舒适的环境，办证处投入使用自动叫号机系统，出纳台增加了“当日归还”提示，阅览室专设了“奥运专栏”，总咨询台以全新的面貌服务读者。开展“文化进村”、“爱心托起腾飞的太阳——智障儿童美术作品展”、为盲校儿童赠送书籍和光盘等公益活动等，受到读者的欢迎和肯定。

本着边建设边服务的原则，充分利用现有设备，推进数字资源建设，加大数字资源服务力度，推出了《中国学资源库》、《馆藏年画影像资源库》、《老照片资源库》、《国图在线讲座视频资源库》，同时发布了相关数字资源服务读者。

为业界服务取得突破性进展，成为2006年工作的一大亮点。举办了第十届馆长联席会议；创建了我国第一个面向社会公开的学科型开放存取文库——图书馆情报学开放文库，为图书馆情报界同仁交流学术信息提供良好的平台；组织国内图书馆学专家开展“基层图书馆馆长培训”志愿者行动；推出了“国家图书馆西部援助计划”，启动了“世界图书馆馆长论坛”；向各基层图书馆赠送基层图书馆服务卡，使之成为向基层服务的有效途径。

2006年全国联合编目稳步发展，中心数据库用户下载量达到210万条，用户数达1025家，成员馆增长到620家。大力开展馆际互借与文献传递业务，在保证重点的同时发展新用户，全年共新发展19家用户，文献提供满足率为82.6%。

（四）强化社会教育职能，打造国家图书馆文化品牌

充分发挥国家图书馆社会教育和文化传播职能，以文化教育培训为新的增长点，继续打造国家图书馆文化品牌。

“文明的守望——中华古籍特藏珍品暨保护成果展”在国内产生了重大影响，受到社会各界的普遍关注和好评。国家图书馆第

一次自主主办的大规模连环画展“小人书·大天地”，一经推出就引起人们对连环画艺术的重新认识和热烈讨论，得到不少连环画收藏爱好者的推崇。展览现场还推出相应讲座，在办展方式上有新的探索。之后的几个展览如读书乐摄影展等也都得到读者认可。

“文津讲坛”继续保持学术性和高水平的特点，听众与去年同期相比有显著增长，已形成汇集百科、兼收并蓄、雅俗共赏的特点，成为知名文化品牌；“文津读书沙龙”等讲座也引起读者的浓厚兴趣；重点推出的“图书馆服务宣传周”、世界读书日、科技活动周、“文化遗产日”等文化活动，为在全社会营造倡导读书、组织读书、服务读书的良好氛围，推动学习型社会和全民道德的建设，发挥了国家图书馆应有的作用。

（五）深化文化体制改革，巩固改革成果

2006年是全国文化体制改革的破冰之年，国家图书馆作为试点单位，在中央召开的全国文化体制改革工作会上介绍了改革经验。为巩固改革成果，国家图书馆进一步做好岗位调整、细化和完善工作，调整了专业技术类3—6级岗位的岗位名目、职责、等级和固定岗位职数，使岗位管理更趋科学和规范；开展全馆业务工作量的核定工作，为岗位的管理和设置提供了科学、有效的依据。

在进一步规划业务流程的基础上，提出全馆业务规划布局方案，基本完成了一期、二期、古籍馆的业务格局划分，为推动国家图书馆业务工作再上新台阶打下基础。

2006年继续完成馆属企业改革的后续工作，明晰了产权，切实加强了对企业国有资产的监管。特别是较好地完成了北京北图书店整体转让、北京国图创新服务有限责任公司和北京国图书店有限责任公司争取享受三年免缴企业所得税等工作，全力推进中国数字图书馆有限责任公司股权转让和北京国图招待所与北京北

图综合服务部合并改制两项重点工作，完成了馆资企业改革方案，同时做好剥离企业中原事业编制人员的服务工作。

继续完善对后勤中心的管理模式，进一步加强了对后勤工作的监督和检查。

（六）“国家图书馆二期工程暨国家数字图书馆工程”建设取得关键性进展

在基建工程建设方面，10 388 吨钢结构整体提升一次性成功，创造了新的世界整体提升重量纪录。标志着二期工程建设最复杂、最艰巨、最关键性施工难题得到圆满解决，为完成结构施工奠定了坚实的基础。土建工程进展也稳步推进。分项招标工作正在有序进行。充分发挥业主自身的主观能动作用，与监理、造价机构建立日常沟通的工作机制，实现科学管理，为工程顺利开展提供了管理上的保障。

数字图书馆工程建设方面，加强对国家数字图书馆工程近 30 个子项目的管理；制定各数字资源验收标准；组织完成国家数字图书馆工程信息化监理招标工作；开通“数字资源服务调查及统计系统”，在完成数字图书馆建设业务需求的基础上，通过招标程序，委托具有设计资质的单位为我馆编制细化设计方案。

2006 年，还进行了一期工程地下主管线、冷冻站房、变电站房的改造；完成古籍馆的地界划分，取得了古籍馆土地使用证。

（七）继续推进国家图书馆所承担的国家重点文化工程和项目

截至 2006 年 12 月底，国家图书馆承担的中华再造善本工程各馆底本拍摄工作已全部完成，发稿工作基本完成。总出书量为 648 种，总发稿数为 787 种，给 100 所大学送书 562 种。在台湾举办的第二届海峡两岸图书交易会上，北京图书馆出版社布置的《中华再造善本》展台吸引了媒体、读者的极大关注，扩大了影响。

“中华古籍特藏保护计划”的大部分相关标准，已经通过文化部教科司组织的专家审定，拟正式作为行业标准颁布。此外，还编制出台了“中华古籍特藏保护计划”项目管理办法、资金管理办法、普查办法和2006年工作方案等一系列运作文件。

送书下乡工程也顺利完成预定目标。

（八）加强与国内外图书馆的合作交流

积极开展与美、英、法、俄等大国的业务交流，巩固与周边国家图书馆已存在的关系，开拓与新西兰、波兰，特别是毛里求斯、越南和朝鲜等发展中国家的业务往来；加强与东南亚地区图书馆交流以扩大国家图书馆区域优势；与新西兰、塞尔维亚国家图书馆、美国纽约皇后区公共图书馆签署了合作意向书，营造有利于国家图书馆发展的国际环境；继续配合国务院新闻办开展“中国之窗”赠书计划。“国际图联保存保护中心中国中心”在国家图书馆正式挂牌，对我国文献保护工作具有重要意义。

积极参与国际图联事务，扩大在国际舞台的影响力。组团参加了在韩国首尔召开的第72届国际图联大会。中文正式成为国际图联大会工作语言，对于中国图书馆界来说，是一件具有里程碑意义的大事。圆满完成了《国际图联大会快报》中文版的编辑出版工作。

此外，还通过举办“第一届全国文献编目工作研讨会”、“第六次中文文献资源共建共享合作会议”等国内外重要学术会议，促进同行业工作人员的交流，扩大中国国家图书馆与世界各国图书馆的交流与合作。

充分发挥中国图书馆学会的优势，积极组织全国性乃至世界性的学术研究活动，通过举办“中国图书馆学会2006年年会”、“中国图书馆学会第三届青年学术论坛”、“中国图书馆学会峰会”促进图书馆界的学术交流与合作。

（九）积极争取财政经费支持，多渠道争取经费投入

经过多方努力，改革配套经费预算终于得到批复，为继续推进我馆文化体制改革提供了经费保障；起草《国家图书馆发展基金会方案》，为国家图书馆资金来源开辟新渠道。

进一步强化财务管理，完善部门预算管理及控制，建立健全财务控制体系；实施图书资料采购环节调整，完善购书经费管理；中文图书公开招投标和外文期刊竞争性谈判工作取得一定成效。

中国国家图书馆将抓住今后五年重要的战略机遇期，以完善传统文献服务为基础，以强化现代信息服务为主导，以文化教育培训为新的增长点，全面构建创新型中国国家图书馆知识服务体系。今后五年的发展重点：一是完成“国家图书馆二期工程暨国家数字图书馆工程”建设，建立科学合理的馆藏与服务布局，提升国家图书馆的综合服务能力；二是加大服务创新力度，提高服务水平，建立面向国家立法与决策、面向重点教育科研生产、面向社会公众的多层次服务体系；三是加强文献信息资源的采集与保存，建设高质量的国家文献信息资源保存基地，形成内容丰富、载体多样、文种齐全、特色鲜明的文献信息资源体系；四是以“开放建设、优势互补、共建共享、共同发展”为原则，立足国内，面向国际，建立全方位、多层次的交流与合作体系。

分报告二：公共图书馆

2006年，我国图书馆事业继续向着现代化、网络化、数字化方向发展，取得了一系列重要成绩和突破，公共图书馆作为图书馆体系中的重要组成部分也取得了很大成绩。本报告将从公共图书馆基本统计数据、发展特点、存在问题和发展趋势方面对2006年公共图书馆总体发展情况进行总结。

一、2006年基本统计数据

（一）机构和从业人员数量

截止到2006年底，全国县级以上公共图书馆共有2777个，比2005年增加16个。其中，县级图书馆2391个，独立建制的少年儿童图书馆86个。2006年全国公共图书馆从业人员50 011名，比2005年增加960人。从中看出，我国公共图书馆机构和人员相对稳定，变化不大。

（二）文献藏量

2006年全国公共图书馆文献总藏量47 454万册（件），其中图书43 318万册。本年新购藏量1975万册（件），新购藏量比上年增长5.5%。县级图书馆文献总藏量19 736万册（件），其中图书19 032万册。县级图书馆本年新购藏量909万册（件），比上年增长3.6%。从中可以看出，县级图书馆的新购藏量幅度普遍低于市级以上图书馆，今后应重点加强县级图书馆的藏量，弥补市、县图书馆之间的发展差距。

（三）文献流通与读者活动

2006 年全国公共图书馆总流通人次为 24 826 万，比上年增加 1953 万，增幅为 8.5%。县级图书馆流通人次为 13 717 万，比上年增加 2843 万人次，增长 26.1%。2006 年全国公共图书馆书刊外借册次 19 236 万，其中县级图书馆书刊外借册次 11 388 万。

2006 年公共图书馆共举办读者活动 82 288 次，参加人次 2727 万，参加人次比上年增加 182 万。县级图书馆举办读者活动 64 090 次，参加人次 1366 万，比上年增加 180 万。

2006 年公共图书馆发放借书证 1149 万个，比上年增加 96 万个。县级图书馆发放借书证 575 万个，比上年增 50.4 万个。从中可见，我国持证人数有所增加，但公共图书馆持证率仍然偏低。

（四）经费收支

2006 年公共图书馆财政拨款 290 268 万元，比上年增加 36 070 万元，增幅为 14.2%。县级图书馆财政拨款 112 168 万元，增长 10.8%，平均每馆财政补助 46.9 万元。2006 年公共图书馆总支出 313 936 万元，比上年增长 10.6%。县级图书馆总支出 124 991 万元，比上年增长 8.3%，平均每馆总支出 52.3 万元。由此看出，我国对公共图书馆财政投入持续增加，但还不足以维持图书馆总支出，应继续加大财政拨款力度。

2006 年新增藏量购置费 59 750 万元，其中图书购置费 53 092 万元，比 2005 年增长 11.1%。县级图书馆新增藏量购置费 17 948 万元，增长 13.0%，其中图书购置费 15 914 万元，增长 614.1%。

（五）建筑设备

2006年全国公共图书馆公共房屋建筑面积702.5万平方米，比2005年增加41.4万平方米。县级图书馆房屋建筑面积386万平方米，比2005年增加30.5万平方米，平均每馆建筑面积1616平方米。

2006年全国公共图书馆阅览坐席50万个，比2005年增加2.3万个，其中少儿阅览座席14万个，同比增长不大。县级阅览坐席33.3万个，其中少儿阅览坐席10.7万个。2006年全国公共图书馆电子阅览室终端数37 036个，县级图书馆电子阅览室终端数22 467个。

（六）“共享工程”点

在全国文化信息资源共享工程的建设上，2002年至2006年中央财政投入2.4亿元，地方投入4.6亿元。2006年12月底，依托各级公共图书馆和乡镇、街道文化站，建成各级中心和基层服务点6700个，包括1个国家级中心，33个省级分中心，1775个市、县级支中心，2085个乡镇、街道基层服务点，2806个村、社区基层服务点。

注：以上统计数据不包括国家图书馆数据在内，数据参考《2006年度全国文化文物简明统计资料》。

二、公共图书馆年度发展特点

2006年是我国“十一五”规划的第一年。根据“十一五”文化发展纲要指示，加强基层图书馆建设，积极构建公共文化服务体系是“十一五”规划的重点。公共图书馆作为公共文化服务体系的重要组成部分，在图书馆网络建设、图书馆服务、文化信息资源共享工程、图书馆立法等各方面取得了很大成绩。

（一）积极构建公共图书馆服务网络

公共图书馆事业是社会公共文化服务体系的重要组成部分，加强公共图书馆服务工作，完善公共文化服务体系建设，是目前全国公共图书馆的中心工作。近几年，各地政府加大对公共图书馆的资金投入力度，努力构建覆盖全域的公共图书馆服务网络，并作为政府重要文化工程实施，如上海市中心图书馆网络、北京市公共图书馆服务网络、深圳“图书馆之城”，以及东莞市集群图书馆网络、佛山市联合图书馆。2006 年，各地陆续推进公共图书馆服务网络的建设，除上述地区继续完善服务网络外，广州、苏州、杭州等市也把公共图书馆服务网络建设定为“十一五”期间的重要工程，如广州市全市公共图书馆统一服务网络、杭州地区四级公共图书馆服务网络、苏州市城区公共图书馆网络建设。在网络功能上，各地图书馆力求建立地区文献信息资源保障体系，实现区域内通借通还、资源共享。

在图书馆网络建设模式上，总分馆制成为图书馆网络建设的重要模式。自 2000 年以来，上海图书馆在不改变各参与图书馆行政隶属关系、人事、财政关系的前提下以市图书馆为中心馆，以区县图书馆、高校图书馆及专业图书馆为分馆建立起国内第一家总分馆网络后，各地图书馆分别也根据各地区实际情况积极探索和尝试，形成了一系列各具特色的模式。如：东莞图书馆集群网络，佛山市禅城区联合图书馆，深圳福田区总分馆制。在网络范围上，向社区、向基层、向农村延伸成为各地公共图书馆网络建设的特点。从 2004 年起，深圳、北京、上海、天津、广州、杭州、苏州等地图书馆纷纷建立了多家乡镇、社区分馆。其中，深圳市 2006 年共建 517 个规范社区图书馆，实现了每 1.5 平方米常住人口拥有一个社区图书馆。

2006年，农村文化建设成为各项工作的中心。构建农村公共文化服务体系成为各地政府的重要工作。根据“十一五”文化发展纲要，县（市）图书馆逐步实现分馆制，促进县、乡图书文献共享。在当前城乡发展不平衡的情况下，流动图书馆、流动图书站是富有成效的农村图书馆网络建设方式，如2003年启动的广东省流动图书馆，至2006年12月底，已在全省建立39个分馆，2006年度接待读者近270万人，有效解决了欠发达地区农民看书的问题。2006年9月，济南流动图书馆启动，深入全市各企业、农村、社区、校园等公共场所，为读者送去文化信息资源。浙江省嘉兴市将“共享工程”的推广与城乡公共图书馆服务体系建设相结合，成为农村图书馆建设的新模式。

（二）努力提升服务功能

服务是公共图书馆赖以存在和发展的基础，“读者第一，服务至上”是图书馆的一贯原则。改善服务质量，更新服务手段，拓展服务领域，不断提高服务水平成为新时期公共图书馆工作的重要内容。近年来，我国公共图书馆在服务质量、服务手段、服务内容等方面均有了不同程度的发展。

公共图书馆服务功能的提升首先表现在服务理念的改变上。现代图书馆由“以书为本”转向“以人为本”。方便、快捷、全方位地满足读者需要成为新世纪公共图书馆追求的目标。如：增强图书馆服务的主动性，开展上门送书、流动办证、送书下乡等；开展网上图书借阅，实现区域内通借通还。2006年，各大公共图书馆在“以人为本”思想的指导下，继续加强各种便民服务措施，并在范围和数量上加大服务力度。

其次，服务手段的现代化是服务功能提升的又一表现。现代图书馆向着高效、快捷的网络服务方向发展，借助计算机、网络、通信、多媒体等技术，公共图书馆提供网上书目数据检索、数据库信息服务、网上参考咨询等服务，用户可足不出户就完成文献信息的查询、借阅活动。目前，全国大部分公共图书馆已开通网站，提供各种网上信息服务，如在线咨询、在线阅读、信息资源导航等。至 2006 年底，全国近 70% 的省级图书馆开通了网上参考咨询服务，提供实时对话、E-mail、FAQ、留言板等多种形式服务。在传统文献借阅方面，自助式服务是未来发展趋势。目前，东莞图书馆已开通自助借还服务，其馆外自助借还装置的设置，使得全天 24 小时借还服务得以实现。

另外，服务领域的拓展、服务质量的优化也是图书馆服务功能提升的关键因素。如丰富的信息资源保障，工作人员的热情服务，熟练而准确的信息提供，均体现了现代公共图书馆的服务品质。在服务形式上，除传统的文献借阅、参考咨询外，公共图书馆也更加注重讲座、展览等延伸服务的开展。同时，在“以用户为中心”的服务理念指导下，个性化特色服务成为公共图书馆读者服务体系的重要组成部分。而随着“有闲”时代的到来，公共图书馆在传递文献信息、开展社会教育等传统服务职能的基础上，更加注重娱乐休闲服务职能。

（三）积极树立文化服务品牌

现代社会更加注重精神和文化的发展，公共图书馆为加强服务效果和办馆效益，增强公众的图书馆意识，吸引公众走进图书馆、利用图书馆，积极打造图书馆文化服务品牌，树立公众形象，加强自我宣传。

公益讲座作为公共图书馆开展读者服务的一种重要形式，成为图书馆打造文化品牌的重要途径。近几年，我国各级各类的讲座活动迅速发展，并形成了一系列讲座品牌。如国家图书馆的“文津讲坛”、上海图书馆的“上图讲座”、首都图书馆的“乡土课堂”、大连图书馆的“白云论坛”、深圳南山图书馆的“博士论坛”等，均成为各馆的文化品牌。2006 年，我国各地公共图书馆的公益讲座继续蓬勃发展，其中长春图书馆“城市热读”讲座、成都市图书馆“周末公益讲座”成为城市文化品牌，取得了很好的公众效益。同时，各大图书馆也更加重视对讲座资源的交流与整合，文化讲座资源共享也是今后发展的一个方向。

另外，特色服务也是打造文化品牌的关键。公共图书馆根据用户的多元化信息需求，并依据各自馆藏特色，开辟特色阅览室、特色图书馆、专题阅览室。如首都图书馆奥运阅览室、南京图书馆专题阅览专区、东莞图书馆“漫画图书馆”，分别成为各馆的文化招牌。在数字参考咨询方面，由广东中山图书馆牵头，联合国内 33 家公共图书馆建立的“联合参考图书网”，上海图书馆联合上海地区公共、科研、高校等系统图书馆建立的“网上联合知识导航站”，成为公共图书馆网上服务的著名品牌。

此外，各式各样的“科技周”、“服务宣传周”、“读书月”等活动成为公共图书馆扩大宣传、提升知名度的一种方式。2006 年，全国各地图书馆举办了丰富多彩的科普和阅读活动，如北京科技周首图分会场“科技·人文·社区”三大主题的系列科普活动，安徽图书馆“倡导全民阅读，构建学习型社会”服务宣传周活动，上海图书馆“欢乐暑假、悦读上图——儿童与阅读系列活动”，均引起了很大的社会反响。

（四）重视弱势群体信息保障

随着我国经济的迅速发展和社会结构的急剧变化，弱势群体的出现引起了社会各界的广泛关注。为弱势群体服务是构建和谐社会的关键问题。近几年，我国公共图书馆在为弱势群体服务的认识上更为全面，在服务措施和力度上有所加强。在服务对象方面，不仅包括残疾人、老年人、未成年人，还包括农民工和服刑人员等。

残障人作为弱势群体的重要部分首先被图书馆所关注，从1998年起，北京、上海、天津、广州等地图书馆纷纷将为盲人服务纳入公共图书馆服务体系之中，建立公共图书馆的无障碍通道，丰富盲人馆藏资源。至2006年底，全国已有近50家公共图书馆为盲人提供服务。近几年，随着农村改革的深化和城市化进程的加快，农民工作为一个新的弱势群体而被大家关注。保障农民工的文化权益逐步得到社会的认同，各地公共图书馆纷纷把农民工纳入服务体系，采取各种措施积极开展服务。如2005年首都图书馆与建工集团合作开设“北京建工集团分馆”，成为首个专门为农民工服务的图书馆；广西图书馆、广西桂林图书馆、湖南少年儿童图书馆分别建立农民工图书室和少儿流动分馆，向农民工和打工子弟提供流动图书服务。

同时，监狱服刑人员作为弱势群体也日益受到公共图书馆的重视。据不完全统计，山东省图书馆、上海市卢湾区图书馆、上海徐汇区图书馆、首都图书馆、江西省图书馆、广东省立中山图书馆分别建立了监狱分馆。其中，广东省立中山图书馆与监狱管理局共建的“求知图新”读书基地，已与全省25所监狱建立起了合作关系，累计赠送图书11余万册。

此外，儿童、妇女、老年人等作为特殊的弱势群体也不同程度地得到各图书馆的关注和照顾。目前，大多数公共图书馆都设立少儿部或少儿阅览室，开展丰富多彩的少儿文献服务。

（五）积极推进全国文化信息资源共享工程

全国文化信息资源共享工程是新形势下构建我国公共文化服务体系、惠及千家万户的一项重要文化基础工程。自2002年实施以来，在各级党委、政府的高度重视下，“共享工程”各项保障措施得到积极落实，工程进行顺利。各级公共图书馆作为“共享工程”的资源分布中心，发挥着文化信息资源建设和传播的重要作用。各级公共图书馆按照相关标准、技术要求，搭建硬软件环境基础，以贴近农村、基层、广大群众文化需求的文化资源数据库建设为核心，丰富专题资源子库的内容，上传至“共享工程”国家中心，再由国家中心整合，构建全国文化信息资源共享工程的资源平台，并通过该平台结合其他多种渠道传送文化资源。

2006年，“共享工程”初步形成了覆盖全国的服务网络，辐射人群达到上亿，逐步构建起具有一定规模的文化信息资源库群。“共享工程”的服务方式得到不断完善，主要通过互联网，并联合卫星传送、光盘、移动存储方式、数字电视或有线电视传输工程资源。与远程教育工程和“送书下乡”等其他基层文化工程的密切合作，以及各地区之间合作机制的制定，表明“共享工程”的共享机制逐渐建立起来。另外，“共享工程”的技术保障工作，在与数字图书馆建设紧密结合的基础上，依托国家主要通讯网络，也得到了逐步完善。

（六）加强公共图书馆法治建设

法治建设是公共图书馆事业得以顺利进行的重要保障。自1996年上海市政府颁布《上海市图书馆管理办法》开始，我国地方公共图书馆法规建设快速发展，辽宁省、北京市、内蒙古自治区、湖北省、河南省、浙江省、深圳等省市相继发布公共图书馆相关法规。这些地方性图书馆法规结合当地公共图书馆发展情况和未来发展目标，制定了适应地区公共图书馆事业拓展的相关条文，从而保障了地区公共图书馆的未来发展。2005年，《中华人民共和国图书馆法》的起草已启动，我国公共图书馆的立法体系正在逐步完善的过程中。

由于自身业务模式的发展，以及全国文化信息资源共享工程资源建设的需要，公共图书馆的大量电子资源需要通过网络加以传播，因此，版权成为公共图书馆不可忽视的重要问题。2006 年 7 月 1 日《信息网络传播权保护条例》的施行加强了公共图书馆业务的规范化建设，保障了“共享工程”建设的推进。为适应公共图书馆硬件建设发展步伐，2005 年 1 月 18 日，《公共图书馆建设标准》由文化部编制立项，2006 年该项目编制工作进展迅速。关于图书馆员职业资格认证制度的建设方面，劳动和社会保障部、文化部已颁布部分职位类别的图书馆员职业标准。

由于目前公共图书馆立法建设的滞后，行业自律机制在公共图书馆事业发展过程中发挥着重要的保障作用。2002 年，中国图书馆学会制定并在全行业颁布、实行的《中国图书馆员职业道德准则》有效充实了国家相关标准，在全国公共图书馆的积极实践中提高了公共图书馆职业素质。2006 年 12 月，中图学会宣布成立课题组，起草以宣示图书馆核心价值为主体的《图书馆服务宣言》。另外，为了适应我国图书馆立法进程，满足相关立法需求，中国图书馆学会筹划起草《图书馆立法建议》。

我国目前公共图书馆行业内部的规约，更多的依赖于图书馆行业组织的准则和规范。有些地区通过联合地区图书馆联盟的方式制定服务公约，如 2006 年 6 月 1 日，杭州地区图书馆颁布了《地区服务公约》。

三、公共图书馆发展障碍分析

2006 年我国的公共图书馆在图书馆服务网络模式构建、图书馆法律规范建设、图书馆服务与创新、文化信息资源共享工程等诸多方面都取得了令人瞩目的成就。但取得成就的同时，我国的公共图书馆在发展过程中也表现出以下一些问题有待解决。

（一）图书馆管理体制问题

我国公共图书馆一直以来实行的是按行政区划分级管理的管理体制，各级公共图书馆一般受文化职能部门的直接领导。地区的中心图书馆对基层图书馆有业务指导的责任与义务，但在经费、人员、物资管理方面没有直接管理权。

随着互联网和信息技术的发展，公共图书馆事业进入网络服务时代。2000 年以来，我国公共图书馆领域进行了总馆分馆制、中心图书馆、图书馆之城、流动图书馆等服务网络模式的探索与尝试，并希望通过一体化和专业化管理，实现服务网络体系内各个图书馆之间的资源共享和服务的互动互联，以网格化布局，为社会提供覆盖全区域的图书馆服务。网络服务模式要求各个图书馆在信息资源、人力资源、财务资源、管理资源等方面，形成一个公共开放的体系，以便能统一调配各种资源，实现图书馆事业的现代化、规范化、高效化，而行政区划分级管理的管理体制，无疑给公共图书馆服务网络模式的发展制造了障碍。

另外，用法律保障的形式，促进建设一个基于同一服务标准的全国图书馆网络，是公共图书馆事业发展的方向。从这个角度来看，探索新的图书馆管理体制以及和管理体制配套的图书馆服务模式，并用法律的形式将其确定下来，是我国公共图书馆事业应该解决的关键性问题。

（二）图书馆经费问题

从 2006 年全国公共图书馆财务状况分析，我国公共图书馆经费存在整体紧缺和经费分布地域差异等问题。

2006 年公共图书馆新增藏量购置费 59 750 万元，其中图书购置费 53 092 万元。国家统计局 2007 年 2 月 28 日发布的《中华人民共和国 2006 年国民经济和社会发展统计公报》显示 2006 年末我国总人口为131 448万人，根据我国人口总数可以得到，我国2006年人均购书经费仅为0.4039元。另外，我国2006年全国图书总藏量为43 318万册，人均图书拥有量为0.3295册。这与《公共图书馆服务发展指南》“通常正规的馆藏应以平均每人1.5—2.5册为标准”的指标相差至少4倍。因此，仅从人均图书购置费和人均图书拥有量就可以看出我国公共图书馆经费的整体紧缺，我国与发达国家之间存在巨大差距。

另外，我国公共图书馆财政拨款存在较大的地域差异，从全国来看，2006年公共图书馆财政拨款总额为290 268万元，而北京、上海、广东财政拨款总额就达到了79 737万元，占全国财政拨款总额的24.96%，接近四分之一。在全国34个行政区划中，上海市一年的财政拨款32 357万元，是西藏地区350万元财政拨款的92.45倍。从以上数据可以看出，越是经济发达、文化资源丰富的地区，图书馆经费越是充裕。而越是经济落后、文化资源贫瘠的地区，图书馆经费越是匮乏。国家应该加大对西部经济文化欠发达地区公共图书馆事业的扶持，加大对公共图书馆的财政经费投入。

（三）图书馆人员素质问题

我国公共图书馆人员素质，存在着区域分布不合理的问题。2006年，我国公共图书馆从业人数为50 011名，中级职称以上为18 059名，占全部就业总人数的36.11%，达到了国际图联建议的“1/3的员工（不包括辅助员工）应该为合格馆员”的指标。但具体从单个行政区划来看，经济文化发达地区，图书馆从业人员业务素质结构比例偏低。北京地区中级职称以上人数占总人数的28.14%，上海为28.22%，广东为19.19%，都没有达到合格馆员为1/3的标准；但西藏地区却为33.87%，内蒙古为35.59%，新疆为32.6%，这些少数民族地区由于公共图书馆从业人员整体偏少，所以人员素质结构还相对合理。由此可见，少数民族地区以及经济文化欠发达地区的人员素质结构，与其相对较弱的读者需求是匹配的。但经济文化发达地区的公共图书馆就业人员素质结构是落后于读者需求的。

另外，我国公共图书馆系统行业准入缺乏统一规范。虽然我国于2004年7月27日施行了由中华人民共和国劳动和社会保障部、中华人民共和国文化部共同制定的《国家职业标准·图书资料馆员（试行）》，但这一职业标准没有与图书馆从业人员的聘任相衔接，无法真正形成一套规范的图书馆行业准入制度。

图书馆职业教育不发达、图书馆专业教育生员流失，以及图书馆学教育与图书馆实际相脱离等问题，也是妨碍我国公共图书馆员素质提高的因素。

（四）图书馆读者服务问题

2006年，我国这个公共图书馆读者服务领域存在以下一些问题：

服务观念保守，主要表现在公共图书馆工作人员缺乏主动服务、优质服务的精神，很多图书馆还存有“事业单位”、“国家扶持”等陈旧观念，没有在服务读者的方式、方法上突破创新，只是按部就班地沿袭着传统的服务内容。

服务范围狭小，主要指的是公共图书馆服务工作广度不够。首先，我国公共图书馆网点少、人均图书馆占有量不足。2006年北京有区县级公共图书馆24个，北京市常住人口约1600万人，平均每10万人占图书馆数的比例，也就是图书馆设置率为0.15，而早在2003年，伦敦的图书馆设置率就达到了5.70，而东京为2.87，香港约为1.00。其次，公共图书馆的服务项目少，图书馆的网络优势没有真正得到发挥，数字资源还仅限在馆内，难以延伸到馆外，服务到不了读者家中。第三，公共图书馆对弱势群体的服务人数、服务质量远远难以保障弱势群体的求知权利。

服务内容简单。我国公共图书馆的读者服务内容主要还是流通、借阅、讲座、读者活动等传统项目。随着读者素质的不断提高，公共图书馆的读者也会在知识需求上提出更高的要求。因此，公共图书馆的读者服务也应该注重服务内容的知识含量、技术含量，提供更有价值的读者服务。

四、公共图书馆发展趋势展望

公共图书馆建设在得到整个社会大力支持的前提下，定会获得长足的发展。未来，公共图书馆将在核心价值体系、文献信息资源共享、图书馆延伸服务、图书馆法制建设以及公共关系塑造等方面加强建设。

（一）重视公共图书馆核心价值体系建设

从近年来世界各地讨论图书馆核心价值的进展来看，关于公共图书馆核心价值的研究远滞后于国家图书馆、高校图书馆，那么对于面临最大的社会挑战的公共图书馆，无疑更需要加快公共图书馆核心价值体系建设的步伐。公共图书馆的核心价值应在能够体现突出我国公共图书馆核心机制观的特点上，以规范、简洁的语言表达公共图书馆人的职业理念，对社会表明公共图书馆职业的目标与立场，并与国际图书馆活动和图书馆学研究进一步接轨，加强我国公共图书馆核心价值研究。

在构建和完善核心价值体系的过程中，公共图书馆应当支持和推进行业的相关规划，并积极宣传和推广公共图书馆的核心价值观。核心价值观决定图书馆的核心文化、制度、流程、管理战略、结构、模式、领导风格，因此，公共图书馆在构建核心价值观的同时，应加大公共图书馆的改革进程，从而更好地展现公共图书馆核心价值体系，为公共图书馆的发展奠定坚实的精神基础。

（二）关注社会发展热点，延伸服务

未来公共图书馆事业的发展需要关注和研究社会发展热点，拓展服务网络，提高服务辐射能力，延伸和深化公共图书馆服务，强化公共图书馆嵌入社会的社会职能，最大限度地发挥政府投入的社会效益。

积极推动阅读社会的构建。丰富服务手段和内容，培养民众良好阅读习惯，推进公共图书馆成为城市居民第二起居室目标的实现，更好地满足民众的精神需求。

加强社会教育功能。加强提高国民素质的社会教育活动的开展，保障信息社会广大民众信息素养的教育工作开展。继续加强讲座、展览和培训等方面的工作，注重策划选题、专家选择、内容把握、精心组织等环节，并积极创新讲座的传播方式，推广讲座成果，建设文化品牌。

加强弱势群体基本文化权益的保障措施。开辟服务渠道，丰富服务内容，保障和实现城市低收入居民、残疾人和农民工等群体的基本文化权益。推进农村文化设施和重点工程建设，加强“送书下乡工程”的建设。在服务手段上不断创新，运用新技术、新手段，提高对未成年人的公共服务水平。

完善公共文化服务网络。总分馆制的推进和行业分馆、专业分馆的建设，将促进公共图书馆建设布局合理、资源共享、优势互补的实现，从而逐步形成与城市发展、社会需求相适应的公共图书馆服务体系。紧密结合全国文化信息资源共享工程，面向农村，面向基层，面向广大人民群众，大力开展公共文化服务。通过物流、信息流，积极推进基层流动服务网络建设，有效扩大公

共图书馆的服务覆盖面，解决基层精神文明建设需求。

优化网络服务模式。在优化公共图书馆网络服务软硬件环境的基础上，加强网站建设，丰富网上数字资源建设。开拓网上参考咨询服务，加强与不同类型图书馆的联合咨询服务机制的建设，强化知识导航服务。

加强学术交流与国际合作。加强与学术界、出版界的合作，拓新学术交流模式。在优化数字化服务的基础上，积极推广“开放存取”自由学术信息获取意识及相关的法律知识。增强知识管理及服务能力，促进国内外、行业间的学术交流与合作。

（三）推进文献信息资源共建共享体系的完善

文献信息资源共建共享工作的推进，对于公共图书馆提高公共信息服务水平有着至关重要的作用。公共图书馆在推进这项工作的完善过程中，还需要关注以下几个方面：

支持文献信息资源共建共享的宏观规划的改进和实施。加强区域合作、不同类型图书馆间的合作，构建区域性或行业间的信息资源保障体系，联合支撑文献信息资源建设共享的总体规划。加强优势馆藏、特色馆藏建设，汇集这些优势资源稳固文献信息资源共建共享体系的根本，发挥整体服务水平。

配合协调性机构的统筹，丰富文献信息资源的类型和内容，推进资源布局和结构的优化。完善公共图书馆合作机制，加强文献信息资源共建共享协作网络平台的建设，通过协作机制的健全，降低工作成本，提高服务响应速度和服务质量。

加大宣传力度，争取政府的政策支持，推进领导机制建设。加强技术保障，统一信息检索入口，采用国际标准规范化建设。

（四）加强公共图书馆法治建设

目前，我国公共图书馆法治建设相对滞后，为更好地保障公共图书馆事业未来发展，公共图书馆的法制环境需要从以下几个方面进一步优化。

推进公共图书馆专门立法和地方性法规的制定。公共图书馆专门立法的制定，是为了将政府、公共图书馆、社会大众之间的关系明确，确定公共图书馆在社会文化教育中的地位，同时确定政府保障公共图书馆经费的需要，以及公共图书馆的行业服务规范。另外，国家专门立法的权威性是行政立法、地方性法规，以及行业组织的规范或公约所欠缺的，但是地方性法规也是国家立法有效的补充。公共图书馆应当配合中国图书馆学会的协调、资源整合的规划，以及公共图书馆国家立法的进程，提出立法需求建议，推动公共图书馆立法建设的顺利进行。协助相关部门进一步完善和健全地方性公共图书馆法规，并配合相关的评估工作。

完善公共图书馆行业自律机制。建立、完善行业组织及其职能，强化公共图书馆的外部监督和自我管制能力，从而更好地促进国家立法的推进。健全全国性、地区性公共图书馆的行业规范，协助行业组织监督地位的提升。提高公民监督的宣传力度，加强社会个体监督机制。

（五）注重公共图书馆公共关系塑造

目前，由于公共图书馆公共关系塑造的不足而引起的经费问题、服务延伸等问题成为公共图书馆的发展障碍。为了跟社区、社会团体、学校、新闻媒体、政府等建立并发展良好关系，公共图书馆的公共关系发展应当关注以下内容。

在有效地保护读者权益的同时，通过有力的社会宣传模式，在全社会范围推广图书馆核心价值。鼓励社会捐助，树立公共图书馆在社会发展中的重要地位。

鼓励、支持民办公共图书馆的开办与发展，平衡公共图书馆服务网络建设的劣势，提高公众获取公共服务的观念，提升公共图书馆的社会服务形象。

建立健全公共图书馆服务援助机制。推广志愿者服务范围，扩大公共图书馆志愿者行动的社会影响力。

分报告三：高校图书馆

2006 年，高等教育事业的持续健康发展，为高校图书馆的发展营造了良好环境。教育部通过以评促建，一以贯之地推动高校图书馆服务质量的改善，通过专家组织——高等学校图书情报工作指导委员会和“211 工程”的公共服务项目——中国高等教育数字图书馆（CADLIS），继续促进高校图书馆的协调发展和资源共建共享。高校图书馆事业在教育部的宏观协调、指导下，在各校的重视下，基本上形成了既有合作又有竞争、既有共享又有特色的良好局面，在业务建设和服务育人方面都取得了显著进步，为高校的教学科研发挥了应有的信息保障功能，广大师生对高校图书馆的反映普遍较好，满意度普遍提升，图书馆在高等教育中的作用得到了越来越多的认可和尊重。

一、评估、引导，教育部对高校图书馆的发展十分重视

2006 年，高校图书馆的大发展和前两年一样，很大程度上得益于教育部的本科教学工作水平评估。

根据教育部 2004 年 8 月颁布的《普通高等学校本科教学工作水平评估方案（试行）》（以下简称《评估方案》），图书馆属于一级指标“教学条件与利用”下的一个三级观测点，权重为 0.2 分。它的 A 级标准为“管理手段先进，使用效果好”；C 级标准为“生均图书和生均年进书量（册）达到附表要求”，即综合、师范、民

族、语文、财经、政法类院校要求生均图书100册，其他学校生均图书70—80册；年进新书量4册（工科、农林、医学和体育院校为3册，凡折合在校生数超过30 000人的高校，当年进书量超过9万册，该项指标即为合格）。

C级指标是最低要求，主要是为了避免在大幅扩招的情况下，高等学校图书馆的文献采购量不能同步跟上，导致文献资源的生均占有率降低，从而牵动到教学质量和人才培养质量的下滑。因为考核时只有达到C级才能考虑A级，所以评估中图书馆藏书的A级标准实际包括3个方面的内容：生均藏书100册（70—80册）；生均年进新书4册（3册）；管理手段先进，使用效果好。其中第三个方面的内涵更为丰富，不仅包括藏书数量及其使用效益，还包括图书馆各个方面的建设和服务质量。

被评图书馆达不到C级指标，该馆所属的高校将受到限制招生乃至停止招生的处罚，直接关系到高校的生存。所以说，《评估方案》的出台和执行，对于缺乏图书馆专门法的我国图书馆事业来说，是一件举足轻重的大事，它以行政手段介入高校图书馆建设，成为撬动高校发展的有力的政策杠杆。

高校图书馆的文献资源建设受到了《评估方案》的深刻影响，许多高校为保证图书馆在评估中达标，加大了图书馆经费的投入。2006年，据对297所高校图书馆的抽样调查，文献资源购置费总和为10.93亿元，最高的为复旦大学图书馆的2929万元，最低的为广西工业职业技术学院图书馆的2000元，平均值约为388万元。据对299所高校图书馆的抽样调查，用在购买纸质文献上的总经费约为8.62亿元，平均值约为288万元，最大值约为2480万元。基本情况是，国内一流高校的图书馆的文献采购经费通常保持在2000万元左右，一般重点大学的文献采购经费通常保持在将近1000万元，普通本科院校的文献采购经费在500万元以上。

教育部对藏书数量的评估，指导思想在于以点带面，推动高校图书馆各项业务的全面建设。因为图书馆是一个联动系统，牵一发而动全身，购书量的增加必然要求相关环境、设施和服务能力能够跟上。

除了对图书馆藏书指标进行评估，以评促建，高教司对高校图书馆的其他工作也进行了管理和指导。2006 年所做的工作主要是：①宣传、推动图书教材领域的反商业贿赂工作。②对期刊采购和期刊数据库的引进作了调研，委托 CALIS 改革了管理方案，建立了集团采购方案上报高教司备案的制度，对集团采购中需要注意的问题，提出了明确要求。③推动 CADLIS 通过发改委验收，并配合发改委对项目进行了稽查；推动 CADLIS 项目提高服务能力，让更多的中小图书馆受益。④举办高职高专图书馆馆长暑期进修班。⑤协调有关国际赠书项目。⑥改进外国教材中心的工作。修订经费使用方案，加强学科分工，扩大资源共享。

为适应高等教育发展形势的需要，教育部对于高校图书馆的引导方向也在不断调整，每一次调整都卓有成效地促进了高校图书馆的发展。2006 年，高校图书馆新书入藏量的增加、高职高专图书馆的崛起、高等教育数字图书馆建设的飞跃，很大程度上都是因为教育部的重视而加快了进程。

二、协调、咨询、研究、指导，图工委推动高校图书馆的发展

高校图书馆在改革开放之后，之所以能够较快地恢复、提高，并在资源共享方面有所作为，一条重要的经验就是在 1981 年及时地发起、成立了全国高校图书情报工作委员会。

该委员会在 1999 年 10 月演变为教育部高等学校图书情报工作指导委员会，秘书处挂靠在北京大学，继承原全国高校图书情报

工作委员会的职能，仍旧简称“图工委”，但在性质上不再是专职事业单位，而是一个虚体的专家组织，五年一换届，主要发挥协调、咨询、研究和指导作用。新图工委的委员由从全国遴选的高校图书馆馆长组成，全部都是在管理和专业研究方面有影响、有代表性、有号召力的专家。2006 年为第二届图工委活动期的第三年，委员会分为《普通高等学校图书馆规程》修订、文献资源建设、计算机应用、队伍建设、用户培训、高职高专图书馆、期刊研究与协调等 6 个工作组开展工作。

2006 年，图工委各工作组中表现最活跃的是文献资源建设工作组。该组持续推动近年开展的工作，包括《普通高等学校图书馆文献集中采购工作指南》、文献资源发展政策项目、民国图书辑粹项目、中文图书评价项目、台湾文史类图书出版情况调研。

《普通高等学校图书馆文献集中采购工作指南》研制的背景是，2005 年以来，国家检察机关发现，随着图书馆购书经费的增长，图书馆在文献采购工作中存在一定程度的商业贿赂现象，从而开展了这方面的专项治理工作；教育部也召开了相关会议进行部署。为了使高校图书馆的文献采购工作符合当前政府对使用财政性资金进行采购的规定和要求，规范高校的文献采购行为，提高经费使用效益，为各高校集中采购管理部门和图书馆处理文献采购事务提供参考依据，保证图书馆文献资源建设科学有序进行，从制度上监督、保护图书馆的采购人员，图工委委托文献资源共建共享工作组，专门制定了该指南。该指南以《中华人民共和国招标投标法》、《中华人民共和国政府采购法》、《教育部政府采购管理暂行办法》等有关法律法规为依据，与教育部高等学校图书情报工作指导委员会制订的其他文献资源建设的指南共同构成完整的文献资源建设发展指南，适用于各种类型和规模的高等学校图书馆。2006 年 8 月召开的二届图工委三次会议审议通过了《普通高等学校图书馆文献集中采购工作指南》，并在 10 月正式发布。

由于该指南既满足了反对商业贿赂的要求，又提供了预防专业犯罪、规避职业风险的正确做法，出台及时，受到了各高校图书馆的重视和欢迎，发挥了很好的指导和规范作用。

文献资源发展政策项目指的是以国内外文献资源发展政策的理论研究为指导，广泛调研国外图书馆出台的各种文献资源发展政策，结合国内高校图书馆文献资源采访的实际情况，编制文献资源采访发展政策指南，指导高校图书馆编制文献资源发展政策，掀起一个编制文献资源发展政策的高潮，使理论界多年呼吁的问题变成现实，切实规范高校图书馆的文献资源发展工作。2006 年，这项工作已经基本完成，文献资源共建共享工作组已经拿出了《高校图书馆文献采访政策编制指南》，正在广泛征求意见。

“民国图书辑粹”项目指的是对民国时期出版的图书进行一次总调研，整理出一份完整书目，并组织各学科专家，从中筛选出 8000 种左右优质图书，在遵守知识产权法规的前提下，面向全国高校图书馆进行按需出版、按需补充。2006 年，项目组已将筛选出的图书按出版年代分为四辑：第一辑（1912—1919 年）、第二辑（1920—1929 年）、第三辑（1930—1939 年）、第四辑（1940—1949 年），进入复制阶段，并已与海内外数十所图书馆签订了复制图书的供需协议。项目的后续工作是将整理出来的书目数据库化，使之可以从著者、版本、出版者等途径进行检索。

中文图书评价项目是仿照《中文核心期刊要目总览》的编制方法，对新中国成立以来出版的图书进行计量分析，结合专家的定性评价，确定若干数量的核心图书，为图书馆的文献采购提供参考。台湾文史类图书的出版情况调研是指对 1949 年台湾出版的文史类图书进行全面调研，遴选出精华图书，通过复制或再版，按需补充进各高校图书馆，以弥补两岸对立期间图书馆这方面图书的缺藏。这两个项目在 2006 年也有较大进展。

图工委主办的《大学图书馆学报》，是高校图书馆在会议之外进行经验交流和理论研究的重要园地。该刊以理论联系实际、紧跟行业前沿、强调示范指导为特色，代表着高校图书馆学术研究的最高水平，一直是我国图书馆学领域的核心期刊。2006 年 10 月，在江西省井冈山市召开的第十次全国图书馆学期刊工作会议上，《大学图书馆学报》第 6 次蝉联中国图书馆学会优秀期刊。2006 年度，《大学图书馆学报》发表的关于图书馆 2.0、图书馆合作与信息资源共享武汉宣言、图书馆精神、ontology 等热点问题的论文，都引发了热烈反响。

图工委作为教育部领导下的辅助教育部对高校图书馆发挥协调、咨询、研究、指导作用的组织，在 2006 年较好地发挥了它的职能。图工委的良性运转，增强了高校图书馆的整体感、归属感，使高校图书馆在互动中分享经验、开阔眼界、更新观念、加强合作、激发竞争，为高校图书馆的互励互助、共同繁荣搭建了平台，创造了条件。

三、数字化、网络化，中国高等教育数字化图书馆建设成效显著

中国高等教育数字化图书馆（China Academic Digital Library & Information System，简称 CADLIS），由“中国高等教育文献保障系统（China Academic Library & Information System，简称 CALIS）”和“中英文图书数字化国际合作计划（简称 CADAL）”两个专题项目组成。CADLIS 于 2004 年启动，延续了 CALIS 的既有成果，并有新的发展。

2006 年 8 月 3 日，在国家发改委和财政部委托教育部召开的“十五”“211 工程”公共服务体系建设项目专家验收会上，CADLIS 通过了专家验收。

专家组认为，CADLIS在有关领导部门的关心、支持下，在全体参建单位的共同努力下，进展顺利。各类数字资源建设达到或超过了预定目标，总量达180TB，是目前国内外容量最大的公益性数字化文献信息资源之一；技术支撑环境建设所形成的相关应用系统技术先进、功能完善、实用性强、使用效果良好；服务体系建设在完善服务基础设施、提高文献保障率和增强服务方面效益明显，是目前国内外最大的文献资源共建共享和保障服务体系之一；建立了符合国内外主流标准的CADLIS标准规范体系；开展了广泛全面、多种形式的培训和有效的协作协调工作，国际合作与交流取得了显著成效。

CADLIS项目的管理运行机制符合中国国情和高校实际。项目建立的中国高等教育数字图书馆以系统化数字化的学术信息资源为基础，以先进的数字图书馆技术为手段，以CERNET为依托，为高等院校教学、科研和重点学科建设提供了高效率、全方位的文献信息保障与服务，全国共有800多所高校的师生受益，项目建设资源的用户遍及70余个国家和地区。通过项目建设，培养和造就了一批高素质的数字图书馆建设与服务人才，共建共享的理念深入人心，促进了我国高校图书馆事业的可持续发展。专家组建议国家在"211工程"三期建设中继续对该项目予以支持，持续地为我国高等教育提供先进而优质的服务。

以CADLIS的平台为基础，在教育部的统一领导下，2004年，挂靠北京大学图书馆，又启动了"中国高校人文社会科学文献中心（China Academic Social Sciences and Humanities Library，简称CASHL）"的建设。该中心是本着"共建、共知、共享"的原则、"整体建设、分布服务"的方针，为高校哲学社会科学教学和研究提供人文社会科学文献保障的服务体系，是教育部高校哲学社会科学"繁荣计划"的重要组成部分，也是全国性的唯一的人文社会科学文献收藏和服务中心，其最终目标是成为"国家级哲学社会科学资源平台”。

截至 2006 年，CASHL 已购买 7500 多种国外人文社会科学领域的重要期刊，900 多种电子期刊，20 余万种电子图书，以及“高校人文社科外文期刊目次库”、“高校人文社科外文图书联合目录”等数据库，提供数据库检索和浏览、书刊馆际互借与原文传递、相关咨询服务等。任何一所高校，只要与 CASHL 签订协议，即可享受服务和相关补贴。CASHL 拥有 160 多家成员单位，包括高校图书馆和其他人文社会科学研究机构；个人用户 12 000 多个；接受检索请求达千万次，原文传递请求 14 万多篇。

CADLIS 和 CASHL 的建设赢得了国际图书馆界的广泛赞誉，被认为在服务成效上足以和日本、韩国的数字图书馆工程媲美，这 3 个国家的数字图书馆系统代表着目前世界数字图书馆工程建设的先进水平，但是就性价比而言，以 CADLIS 和 CASHL 为最优，以最少的投入提供了范围最大的服务。

中国高等教育数字化图书馆不仅是一个大型的科研性、服务性项目，而且是一个图书馆联盟，它在数字资源的集团采购、数字图书馆应用人才的培训等方面都发挥着十分重要的作用。

如果说教育部高校图工委的作用是从政策上、组织上把全国高校图书馆联合起来，中国高等教育保障体系则是从项目上、实践上把高校图书馆联合起来，开创了高校图书馆事业的新局面。

四、新建、改建、扩建，图书馆建设形成热潮

《普通高等学校图书馆规程（修订）》第三十六条规定：“高等学校应按照国家有关标准，建造独立专用的图书馆馆舍。馆舍建筑应充分考虑学校发展规模，适应现代化管理的需要，满足图

书馆业务功能的要求，具有调整的灵活性。”近几年，随着高校的扩张，大学城的开发，一批新建图书馆应运而生；随着高校的合并，一些老馆舍不能满足学科调整而带来的文献布局调整的需要，有必要新建或改造；随着大批中等专科学校升格为高职高专，图书馆的空间和功能显然不能满足需求，其建设问题很快也被纳入了规划。另外，数字化图书馆的建设对信息节点、网络布线、硬件摆放空间等都提出了新要求，需要更好的馆舍条件为其提供操作环境，这也是各校新建或改建图书馆的巨大动力。

2006 年，据对 300 所高校图书馆已建馆舍面积所作的调查，总面积约为 524 万平方米，平均值约为 1.75 万平方米。馆舍总面积最大的是中山大学图书馆，为 117 800 平方米，馆舍总面积最小的是天津中德职业技术学院图书馆，为 1040 平方米。另外，据对 300 所高校图书馆的在建馆舍情况所作的调查，设计总面积为 1 799 773 平方米，平均值为 5999.24 平方米，设计面积最大的是天津师范大学图书馆，为 60 000 平方米，设计面积最小的是福州英华职业学院图书馆，为 200 平方米。

新建和改建、扩建的图书馆普遍采用国际上流行的“统一柱网、统一层高、统一载荷”的模数式设计，基本上都注意到了网络环境对图书馆的深刻影响，努力把图书馆建设成为楼宇控制自动化、通讯自动化、办公自动化合一的智能大厦，因而一般都具有安全的门禁系统和消防系统，图书馆智能化综合布线系统更是受到特别重视，网络接口等数字化必备元素遍布全馆，使图书馆成为信息空间和多元文化交流的学术平台。此外，从可持续发展的角度出发，新建图书馆相当重视以人为本，从空间环境设计、外部环境的建设、内部氛围的营造等都考虑读者的使用感受和审美需求，如为方便残疾人进出着想，多施行无障碍设计；注意节约用水用电，强调自然照明和通风，争取打造绿色图书馆。在馆舍的管理上，基本上都采用了社会化物业管理，保安、保洁都由图书馆指导下的外包公司来执行，和以往由图书馆自己统包统揽相比，专业化程度高、效率高、效果好，受到读者的好评，也把图书馆员从繁重的体力劳动中解脱出来，提供更多更好的信息服务。

从已建成的高校图书馆的使用效果看，它们一般给人留下开放舒适、通透宽敞、网络化程度高、馆藏布局和机构调整自由灵活的印象。2006 年，陕西师范大学新校区图书馆、广州大学城中山大学图书馆、兰州大学榆中校区图书馆都因为设计新颖、功能完善、施工质量高，而荣获中国建筑工程质量最高奖——鲁班奖，该年度全国获此荣誉的工程只有 87 项。

这批时代特色浓郁的新建图书馆，大大改变了图书馆在高校师生心目中的传统守旧的印象，一下子使读者看到图书馆是信息时代的技术含量很高的事业，更加愿意到图书馆来读书学习，享受一站式服务的信息空间。同时，也大大提高了馆员对未来的信心，为图书馆在数字化浪潮中搞好网络化布局和功能拓展，在信息服务中大显身手创造了条件，提供了舞台。

大多数在新校区建设的图书馆一般都仿照欧美惯例，位于校园中轴线上的中心位置，是学校的主楼，形象地宣示了“图书馆是大学的心脏”的理念，这和上个世纪 50 年代高等学校学习苏联，一律以行政楼作为主楼的校园布局形成了鲜明反差，因而高校新图书馆的建设还有更重要的象征意义，它表明中国的高等院校正在回归学术本位，努力树立学术尊严。图书馆不仅是信息服务中心，其在校园的地理位置、造型气势也隐喻着学校对待学术的态度，是展示学校形象的窗口。

据北京大学图书馆开展的读者调查，在网络环境下，读者对图书馆关注度最大的并不是让他们足不出户就可以获取信息的数字图书馆，而是“图书馆环境舒适、安静，具有浓郁的文化氛围，是学习的好场所”。看来，以数字图书馆代替实体图书馆是行不通的，图书馆不仅是信息中心，也是人际交流的公共空间，还有文化上、学术上的象征意义，只要师生、学校对图书馆这方面的需求不变，图书馆建筑的奠基和竣工仪式就会继续成为大学校园里的重大事件和美丽风景。

五、定岗定编，减员增效，人力资源管理开拓新局面

虽然近几年高校图书馆通过新建、扩建，面积在迅速扩张，但是各个图书馆正式职工的在编数量却没有同步增长，服务质量之高今非昔比，高校图书馆开展的以“定岗定编”为中心的人力资源管理创新在这个局面的营造中发挥了重要作用。

“定岗定编”是高等学校在“985计划”、“211工程”等教育质量改革工程中，在人力资源管理方面所采取的重要举措，其基本内容是学校根据各个单位的发展需要，严格设定岗位职责和人员编制，依据岗位和编制的数量给予津贴和相关补助。“定岗定编”是一个人力资源管理模式蜕变的过程，“阵痛”在所难免。高校图书馆因为事物杂、人员多，在“定岗定编”的过程中遇到的矛盾、阻力，通常大于学校的其他单位，需要克服更多的困难。

到2006年，多数高校图书馆都经过了“定岗定编”的洗礼，在人力资源管理方面打开了新局面。8月份，在贵阳召开的高校图工委二届三次会议上，六所在人力资源管理方面敢于创新、成效明显、影响较大的高校图书馆的负责人分别介绍了本馆的经验。清华大学图书馆重视新人的招聘，面试流程设计精细，兼顾选拔应届毕业生和有工作经验的人才，兼顾当前需要的人才和长远需要的高学历人才，为各种人才都定下了合理的比例。北京师范大学图书馆不仅重视人才的学科结构、学历结构，对人才的学缘结

构也给予了关注，力争避免自我繁殖，较大比例地聘用多学缘的人才。西安交通大学图书馆重视对美国高校图书馆人员管理体制的学习，主要做法是把全部人员划分为专业馆员和支持馆员，确定比例，进行分类管理，同时把岗位和职称统一起来，以岗定职。首都师范大学图书馆的特点是重视岗位的细分和描述，力争做到人尽其才。同济大学图书馆非常重视绩效评估和激励机制的探索，采用从发放馆长感谢信到及时提高津贴等多种方式对馆员进行激励，以激励创新应对激励疲劳。北京大学图书馆人员构成复杂，临时聘用人员多，在临时聘用人员的管理方面摸索出了一套比较成熟的管理办法。各馆的探索各有千秋、特色鲜明，极有针对性、借鉴性和指导意义，典型地反映了在“定岗定编”的冲击下，高校图书馆在人力资源管理方面的所思所想、所获所得。

高校图书馆人力资源管理的改革，吸收了现代管理理念的精华，成功地平衡了改革与稳定的关系、当前需要与长远需要的关系、合适人才与优秀人才的关系、职称评聘与岗位评聘的关系、考核与激励的问题，坚定地把人文关怀作为人力资源管理的灵魂，认为管理的目的是尊重每个馆员，激发每个馆员的工作激情。

高校图书馆的人力资源管理变革的成功在各高校的最显著表现是：图书馆的建筑面积有了大幅度增长，而图书馆的职工人数却没有增长，服务质量反比以前有了很大提高。2006 年，据对 300 所高校图书馆抽样调查，建筑总面积为 5 238 551 平方米，正式职工总人数为 15 629 人，平均每名职工管理的面积为 355 平方米。而2000 年，据对 274 所高校图书馆的抽样调查，建筑总面积为 2 548 047 平方米，正式职工总人数为 13 279 人，平均每名职工管理的面积为 192 平方米。六年时间，每名职工管理的面积多了 163 平方米。这一方面得益于图书馆建筑模式和功能设计的转变，以及图书馆观念的转变，是图书馆普遍摒弃分学科、分读者对象设置小阅览室的做法；采取一个楼层一个阅览室甚至整楼只有一个门禁的举措，使门禁管理人员大大减少的结果；另一方面，高校图书馆人力资源管理思路的转变功不可没，特别是物业管理社会化、专业馆员和辅助人员分类管理这两种模式的推广，大大解放了高校图书馆正式职工的生产力，提高了图书馆的服务能力和服务效果，避免了岗位和编制的膨胀。目前多数高校图书馆的保洁和保安等物业管理工作都采取外包的方式，图书的拆装、加工、运输、上架等简单任务一般请学生和临时聘用人员完成，效果好，支出少，这是高校图书馆能够实现减员增效的主要经验。

六、合作、共赢，集团采购规模扩大

由于外文文献价格昂贵，而且上涨幅度加快，高校图书馆近几年普遍减少了纸质外文文献的订购，改订含有海量外文文献的电子数据库，但是这些数据库的价格也是动辄数十上百万元，单个图书馆或无力购买，或无必要全买，或虽然有经费购买，但在议价中势单力薄，拿不到合理的价格，而且各馆各自出人与数据库商谈判，也是人员、精力的极大浪费。鉴于此，在教育部的支持下，CALIS 管理中心动员、组织各高校图书馆，每年都发起对电子数据库的集团采购活动。通过集团采购，大馆节省了经费，扩大了电子资源的学科覆盖面，提高了在区域资源共享体系中的服务能力和影响力；小馆获得了以一馆之力无力购买的核心资源，提升了数字化服务水平。除了 CALIS 组织的集团采购，湖北、江苏等省的图工委也组织过本省的高校图书馆进行过集团采购。到 2006 年，集团采购已经成为各高校图书馆在购买数字资源时的常规性做法，在节约经费、扩大资源方面发挥了极大作用。

2006 年，CALIS 共组织了 72 个采购集团，全国共有 674 个高校和科研机构，3769 个馆次参加了集团采购。其中高校系统有 621

个机构、3663 个馆次，购买数据库的费用约为 3.24 亿，捆绑纸本期刊的费用约为 1.77 亿，集团购买数据库和捆绑纸本期刊的费用合计约为 5.01 亿，高校系统购买电子资源和捆绑纸本期刊的总费用约为 4.92 亿。集团采购共购买了 302 个数据库，含电子期刊 34 964 份，电子图书 194 874 册，电子会议录 15 667 种。

为购买电子期刊数据库，组织 35 个采购集团，成员馆读者共浏览或下载 7798 万篇全文，平均每份期刊（会议录）使用 1540 篇。为购买文摘索引数据库，组织 17 个采购集团，成员馆读者共检索 3584 万次。为购买电子图书数据库，组织 6 个采购集团，成员馆读者共浏览或下载 271 万篇（册），平均每册图书使用 14 篇（册）。为购买事实型数据库，组织 8 个集团，成员馆读者共检索 2716 万次。

在网络环境下，电子资源的集团采购是高校图书馆探索的一种成功经验，是高校图书馆坦诚合作、共建共享的新形式、新典范，具有重要的现实意义和历史意义。随着集团采购效益的呈现、理念的传播，这种采购形式势必吸引更多的高校图书馆参与，扩展到更多的采购对象，探索出更好的合作和谈判机制。从使用统计看，集团采购来的资源对高校的教学科研发挥了很大作用，用户数和下载量都十分庞大，效益显著。但是也有少数不作调研、盲目参团的图书馆，购买的资源使用率低，造成了一定浪费。CALIS 已经通过使用率调查，认识到了这个问题，加强了对准备参团的图书馆在用户需求调研方面的指导，以确保采购到的资源能够得到充分利用，实现效益最大化。

七、挑战、对策，问题与机遇并存

高校图书馆在进步、繁荣的同时，也面临着严峻的挑战，主要是：

第一，国外出版物和数据库大幅度涨价，出版商态度强硬，采购经费难以持续支持，集团采购举步维艰。面对中国市场，国外出版商采取的营销策略是，先以较低的价格占领市场，培养中国读者使用电子资源的技能和习惯，等读者有了电子资源依赖，离不开电子资源之时，再骤然提高价格。而且电子资源的订购还往往和纸质资源的订购捆绑在一起，要求图书馆在订购电子资源的同时必须维持现有纸质资源的订购量不变。高校图书馆在校园舆论的压力下，很难选择停止订购电子资源，这样就处于比较被动的地位。部分国外出版商往往还以其“大客户并非中国，中国市场的销售份额占其总销售份额的比例较小”作为要挟，对中国图书馆客户的强烈不满表现出傲慢的态度。

第二，教育部开展的高校教学水平评估，就宏观而论，的确对高校图书馆的建设有极大促进作用，很多高校图书馆就是因为属于被评估点之一，而受到了学校的特别关注，在经费投入、馆舍环境、资源建设、技术设备等方面得到了很大改善。这正是教育部开展评估的初衷和指导思想。但是也有一些基础差、底子薄的院校，尤其是新建院校，为了达标，而采取了只顾数量、不顾质量的做法，突击拨款，突击购书，片面地要求图书馆在短期内买进了大量内容平庸、复本量大的书，使评估变味，师生埋怨，产生了不良的影响。

第三，中国高等教育数字化图书馆虽然通过了国家验收，成为我国文献资源大规模共享的标志性成果，从根本上改变了高校一校一馆自我保障的模式，使大家走向了整体保障的道路。但是项目的成员馆目前主要集中于大馆，在不少中小型高校图书馆看来，它某种程度上还是一个“贵族俱乐部”，可望而不可即。即便是成员馆，将中国高等教育数字图书馆的丰富功能真正用到、用好的也不多。中国高等教育数字图书馆的服务潜力还有待充分发挥。

第四，招标成为文献资源建设的主渠道后，有的图书馆对这种新的采购方式一时不适应，就其对资源质量的不利影响也有不少意见。有些图书馆采购人员，对招标规定的出台怀有一种拒斥感。心理上的不接受，加上工作惯性突然打破所带来的不适感，以及在招标能否保证文献采购质量的问题上有看法，都反映到了招标工作的执行过程中。而在招标权限和程序上的各行其是，也不利于招标工作真正起到规范和促进高校图书馆资源建设的作用。还有部分图书馆尚未实行文献资源集中采购。总之，作为新生事物，文献资源集中采购尚待完善。

针对以上问题，高校图书馆界需要集思广益，拿出建立在共识基础上的解决方案。特别是图工委，应该充分发挥指导作用。在 2006 年 8 月召开的图工委二届三次会议上，委员们对解决上述 4 个问题，基本上形成了以下共识：

第一，集团采购是一种博弈，不可能一帆风顺，当既有的经验受到挑战，就要通过广泛磋商，加快策略创新。要认识到，集团采购的核心筹码是实力，最关键的当然是在各校形成持续投入的机制，确保电子资源有长期可靠的采购经费保证。另外，要在集团采购谈判中不被动，必须有高度互补的共享资源系统，和便捷高效的文献传递系统，如此才能应对因谈判破裂而造成的资源不足的状况。

第二，教育部评估的目的是提供一个好的政策和机制，推动高校的工作，促进其健康长远的发展，而不是拔苗助长，干扰其发展。各高校图书馆应该充分领会教育部的意图，用好政策，抓好机遇，以科学的文献资源发展政策消化来之不易的经费，且不可敷衍应付，盲目采购。要认识到，评估的办法也是在不断调整的，比如经图工委的建议，电子书已经纳入到了评估指标中，图工委为此专门制定了《高等学校图书馆数字资源计量指南》。当图书馆的建设规律和评估有冲突的时候，要积极反映情况，加快上下沟通。

第三，中国高等教育数字图书馆虽然通过了验收，但其使用面不够广泛，功能发挥不够充分，推广、应用的空间很大，今后应广泛宣传，大力发展成员馆，使共享的范围更广泛，共享的层次更深入。

第四，对于商业贿赂要坚决抵制，所以文献集中采购制度一定要推广。但是对招标的作用要一分为二地看待，一方面要认识到它是规范业务、规避风险的较好的方式，另一方面也要认识到其带来的诸如增大成本、调整流程等或大或小的影响，因而应科学地、细致地开展相关工作，并不断总结经验、完善做法。在招标过程中，重要的是要确立图书馆的主体地位，对文献资源建设的质量负责。

相信基于以上共识，高校图书馆事业一定能够战胜挑战，抓住机遇，创造更加美好的未来。

附　件

2006 年 300 所高校图书馆馆舍总面积统计表
2006 年 297 所高校图书馆文献资源购置费统计表
2006 年 300 所高校图书馆纸质文献累积量统计表
2006 年 302 所高校图书馆正式职工人数统计表

2006 年 300 所高校图书馆馆舍总面积统计表

数据出自教育部高等学校图书馆事实数据库，为各馆自报。数据提取时间为 2007 年 9 月 20 日。

序号	图书馆名称	数据
1	中山大学图书馆	117 800 平方米
2	同济大学图书馆	72 645 平方米

续表

序号	图书馆名称	数据
3	华南理工大学图书馆	67 169 平方米
4	厦门大学图书馆	66 768 平方米
5	四川大学图书馆	63 100 平方米
6	浙江工业大学图书馆	60 063 平方米
7	华东师范大学图书馆	59 854 平方米
8	浙江工商大学图书馆	57 800 平方米
9	陕西师范大学图书馆	57 578 平方米
10	上海交通大学图书馆	55 900 平方米
11	合肥工业大学图书馆	54 900 平方米
12	上海大学图书馆	53 900 平方米
13	扬州大学图书馆	53 359 平方米
14	西南财经大学图书馆	50 000 平方米
15	安徽师范大学图书馆	48 000 平方米
16	上海财经大学图书馆	47 504 平方米
17	大连理工大学图书馆	45 627 平方米
18	长安大学图书馆	45 319 平方米
19	中北大学图书馆	45 007 平方米
20	哈尔滨理工大学图书馆	44 847 平方米
21	西安工业大学图书馆	42 350 平方米
22	烟台大学图书馆	42 300 平方米
23	湖北大学图书馆	42 051 平方米
24	宜宾学院图书馆	39 373 平方米
25	江南大学图书馆	39 082 平方米

续表

序号	图书馆名称	数据
26	淮阴师范学院图书馆	38 995 平方米
27	上海工程技术大学图书馆	37 988 平方米
28	东华理工学院图书馆	37 929 平方米
29	辽宁大学图书馆	37 470 平方米
30	复旦大学图书馆	36 934 平方米
31	西南科技大学图书馆	36 475 平方米
32	西安交通大学图书馆	36 394 平方米
33	四川农业大学图书馆	36 311 平方米
34	浙江财经学院图书馆	35 053 平方米
35	重庆大学图书馆	34 662 平方米
36	西北政法大学图书馆	34 400 平方米
37	成都信息工程学院图书馆	34 279 平方米
38	东华大学图书馆	34 266 平方米
39	西华师范大学图书馆	34 000 平方米
40	西安外国语大学图书馆	34 000 平方米
41	天津商学院图书馆	33 621 平方米
42	上海师范大学图书馆	32 946 平方米
43	西北农林科技大学图书馆	32 866 平方米
44	江汉大学图书馆	32 225 平方米
45	宝鸡文理学院图书馆	32 200 平方米
46	中国科学技术大学图书馆	31 481 平方米
47	华东政法大学图书馆	31 000 平方米
48	渭南师范学院图书馆	30 381 平方米

续表

序号	图书馆名称	数据
49	西安理工大学图书馆	30 078 平方米
50	华侨大学图书馆	29 637 平方米
51	宁波大学图书馆	28 870 平方米
52	黄冈师范学院图书馆	28 507 平方米
53	温州医学院图书馆	28 500 平方米
54	西安邮电学院图书馆	28 427 平方米
55	浙江林学院图书馆	28 158 平方米
56	湖州师范学院图书馆	27 876 平方米
57	泉州师范学院图书馆	27 803 平方米
58	西安电子科技大学图书馆	27 228 平方米
59	首都师范大学图书馆	26 743 平方米
60	河北大学图书馆	26 521 平方米
61	渝西学院图书馆	26 417 平方米
62	南京航空航天大学图书馆	26 000 平方米
63	西南民族大学图书馆	25 566 平方米
64	辽宁科技大学图书馆	25 506 平方米
65	西安翻译学院图书馆	25 190 平方米
66	西北大学图书馆	25 054 平方米
67	西南交通大学图书馆	24 993 平方米
68	乐山师范学院图书馆	24 822 平方米
69	四川师范大学图书馆	24 364 平方米
70	天津科技大学图书馆	24 300 平方米
71	绍兴文理学院图书馆	24 189 平方米

续表

序号	图书馆名称	数据
72	无锡职业技术学院图书馆	24 000 平方米
73	丽水学院图书馆	23 500 平方米
74	北京林业大学图书馆	23 400 平方米
75	皖西学院图书馆	23 300 平方米
76	西安外事学院图书馆	23 160 平方米
77	安徽大学图书馆	23 000 平方米
78	西安科技大学图书馆	22 820 平方米
79	上海外国语大学图书馆	22 702 平方米
80	大连交通大学图书馆	22 700 平方米
81	天津理工学院图书馆	22 200 平方米
82	河北经贸大学图书馆	22 068 平方米
83	西北工业大学图书馆	22 000 平方米
84	浙江海洋学院图书馆	21 874 平方米
85	大连轻工业学院图书馆	21 683 平方米
86	大连大学图书馆	21 550 平方米
87	浙江传媒学院图书馆	21 400 平方米
88	太原理工大学图书馆	21 360 平方米
89	成都大学图书馆	20 993 平方米
90	华东理工大学图书馆	20 748 平方米
91	西安思源职业学院图书馆	20 740 平方米
92	北京工业大学图书馆	20 713 平方米
93	沈阳工程学院图书馆	20 700 平方米
94	仰恩大学图书馆	20 500 平方米

续表

序号	图书馆名称	数据
95	陕西理工学院图书馆	20 100 平方米
96	西昌学院图书馆	19 735 平方米
97	常德职业技术学院图书馆	19 662 平方米
98	上海第二工业大学图书馆	19 400 平方米
99	漳州职业技术学院图书馆	19 160 平方米
100	西京职业学院图书馆	19 149 平方米
101	集美大学图书馆	19 000 平方米
102	民办金华职业技术学院图书馆	18 958 平方米
103	上海应用技术学院图书馆	18 737 平方米
104	淮海工学院图书馆	18 600 平方米
105	西安欧亚职业学院图书馆	18 328 平方米
106	天津师范大学图书馆	18 105 平方米
107	山西大学图书馆	18 000 平方米
108	辽宁师范大学图书馆	18 000 平方米
109	民办浙江树人学院图书馆	18 000 平方米
110	攀枝花学院图书馆	18 000 平方米
111	福建农林大学图书馆	18 000 平方米
112	中国地质大学图书馆	18 000 平方米
113	南京理工大学图书馆	17 800 平方米
114	大连民族学院图书馆	17 694 平方米
115	西安建筑科技大学图书馆	17 605 平方米
116	湖北警官学院图书馆	17 488 平方米
117	太原师范学院图书馆	17 454 平方米

续表

序号	图书馆名称	数据
118	成都理工大学图书馆	17 340 平方米
119	中国美术学院图书馆	16 721 平方米
120	辽东学院	16 630 平方米
121	天津工程师范学院图书馆	16 466 平方米
122	嘉兴学院图书馆	16 394 平方米
123	电子科技大学图书馆	16 360 平方米
124	汕头大学图书馆	16 311 平方米
125	安康师范专科学校图书馆	16 300 平方米
126	中国民用航空飞行学院图书馆	16 135 平方米
127	西安文理学院图书馆	16 000 平方米
128	陕西国防工业职业技术学院图书馆	15 914 平方米
129	福建工程学院图书馆	15 800 平方米
130	西安工程大学图书馆	15 794 平方米
131	上海对外贸易学院图书馆	15 690 平方米
132	浙江国际海运职业技术学院图书馆	15 661 平方米
133	上海戏剧学院图书馆	15 471 平方米
134	贵州师范大学图书馆	15 430 平方米
135	长沙师范专科学校	15 000 平方米
136	中国民航大学图书馆	15 000 平方米
137	西藏民族学院图书馆	14 821 平方米
138	西安财经学院图书馆	14 000 平方米
139	沈阳大学图书馆	14 000 平方米
140	浙江广厦建设职业技术学院图书馆	13 837 平方米

续表

序号	图书馆名称	数据
141	天津外国语学院图书馆	13 650 平方米
142	西南石油大学图书馆	13 500 平方米
143	西安石油大学图书馆	13 480 平方米
144	浙江经济职业技术学院图书馆	13 403 平方米
145	复旦大学太平洋金融学院图书馆	13 213 平方米
146	上海立信会计学院	13 202 平方米
147	重庆医科大学图书馆	13 191 平方米
148	忻州师范学院图书馆	13 142 平方米
149	河北工业大学图书馆	13 100 平方米
150	湖北工业大学图书馆	13 041 平方米
151	闽江学院图书馆	13 000 平方米
152	四川音乐学院图书馆	13 000 平方米
153	内江师范学院图书馆	13 000 平方米
154	浙江工商职业技术学院图书馆	13 000 平方米
155	广东外语艺术职业学院图书馆	12 985 平方米
156	榆林学院图书馆	12 800 平方米
157	四川理工学院图书馆	12 795 平方米
158	海南大学图书馆	12 760 平方米
159	天津中医学院图书馆	12 658 平方米
160	石家庄铁道学院图书馆	12 639 平方米
161	陕西中医学院图书馆	12 538 平方米
162	合肥学院图书馆	12 513 平方米
163	宁波工程学院图书馆	12 400 平方米

续表

序号	图书馆名称	数据
164	西安航空技术高等专科学校图书馆	12 268 平方米
165	四川警官高等专科学校图书馆	12 208 平方米
166	四川交通职业技术学院图书馆	12 166 平方米
167	安徽工程科技学院图书馆	12 000 平方米
168	辽宁工程技术大学图书馆	12 000 平方米
169	湖州职业技术学院图书馆	11 921 平方米
170	上海中医药大学图书馆	11 854 平方米
171	上海金融学院	11 800 平方米
172	杨凌职业技术学院图书馆	11 800 平方米
173	上海体育学院图书馆	11 537 平方米
174	浙江科技学院图书馆	10 946 平方米
175	上海建桥学院	10 900 平方米
176	河南科技学院图书馆	10 800 平方米
177	东北电力大学图书馆	10 700 平方米
178	辽宁农业职业技术学院图书馆	10 606 平方米
179	湖南理工学院图书馆	10 600 平方米
180	西华大学图书馆	10 578 平方米
181	成都中医药大学图书馆	10 200 平方米
182	黎明职业大学图书馆	10 200 平方米
183	山西师范大学图书馆	10 135 平方米
184	贵州教育学院	10 000 平方米
185	上海水产大学图书馆	9980 平方米
186	洛阳工业高等专科学校图书馆	9844 平方米

续表

序号	图书馆名称	数据
187	上海理工大学图书馆	9700 平方米
188	东北财经大学图书馆	9679 平方米
189	南京医科大学图书馆	9610 平方米
190	上海电力学院图书馆	9400 平方米
191	上海商学院图书馆	9200 平方米
192	福建公安高等专科学校图书馆	9200 平方米
193	浙江警官职业学院图书馆	9070 平方米
194	川北医学院图书馆	9008 平方米
195	石家庄经济学院图书馆	9000 平方米
196	青岛科技大学图书馆	8940 平方米
197	安徽职业技术学院图书馆	8693 平方米
198	民办上海工商外国语职业学院图书馆	8652 平方米
199	常熟理工学院图书馆	8542 平方米
200	怀化学院图书馆	8457 平方米
201	浙江工贸职业技术学院图书馆	8402 平方米
202	长治学院图书馆	8400 平方米
203	西安医学院图书馆	8300 平方米
204	西安培华学院图书馆	8273 平方米
205	浙江公安高等专科学校图书馆	8170 平方米
206	延安大学图书馆	8040 平方米
207	成都体育学院图书馆	8033 平方米
208	石家庄学院图书馆	8000 平方米
209	天津体育学院图书馆	7800 平方米

续表

序号	图书馆名称	数据
210	洛阳师范学院图书馆	7720 平方米
211	绵阳师范学院图书馆	7700 平方米
212	河北工业职业技术学院图书馆	7500 平方米
213	四川外语学院图书馆	7470 平方米
214	四川航天职业技术学院	7400 平方米
215	咸阳师范学院图书馆	7333 平方米
216	北京服装学院图书馆	7267 平方米
217	上海海关高等专科学校图书馆	7121 平方米
218	大连外国语学院图书电教馆	7056 平方米
219	泸州医学院图书馆	6947 平方米
220	陕西能源职业技术学院图书馆	6850 平方米
221	漯河职业技术学院图书馆	6838 平方米
222	安徽交通职业技术学院图书馆	6764 平方米
223	琼州大学图书馆	6700 平方米
224	民办上海济光职业技术学院图书馆	6688 平方米
225	民办东海职业技术学院图书馆	6509 平方米
226	西安体育学院图书馆	6356 平方米
227	天津滨海职业学院图书馆	6194 平方米
228	上海出版印刷高等专科学校图书馆	6100 平方米
229	复旦大学上海视觉艺术学院图书馆	6000 平方米
230	伊犁职业技术学院图书馆	6000 平方米
231	上海电机学院图书馆	5910 平方米
232	成都电子机械高等专科学校图书馆	5886 平方米

续表

序号	图书馆名称	数据
233	康定民族师范高等专科学校图书馆	5700 平方米
234	广东警官学院图书馆	5676 平方米
235	上海行健职业学院图书馆	5600 平方米
236	陕西职业技术学院图书馆	5600 平方米
237	绍兴托普信息职业技术学院图书馆	5500 平方米
238	厦门理工学院图书馆	5407 平方米
239	四川职业技术学院图书馆	5323 平方米
240	天津职业大学图书馆	5317 平方米
241	北京中医药大学图书馆	5200 平方米
242	陕西科技大学图书馆	5200 平方米
243	宁德师范高等专科学校图书馆	5200 平方米
244	西安铁路职业技术学院图书馆	5170 平方米
245	四川烹饪高等专科学校图书馆	5050 平方米
246	广西经济管理干部学院	5000 平方米
247	武汉科技大学城市学院	5000 平方米
248	陕西国际商贸职业学院	4900 平方米
249	三亚航空旅游职业学院图书馆	4800 平方米
250	上海海事大学图书馆	4661 平方米
251	郧阳师范高等专科学校图书馆	4642 平方米
252	柳州师范高等专科学校图书馆	4609 平方米
253	成都纺织高等专科学校图书馆	4600 平方米
254	成都航空职业技术学院图书馆	4517 平方米
255	贵州商业高等专科学校图书馆	4500 平方米

续表

序号	图书馆名称	数据
256	太原大学图书馆	4500 平方米
257	铜仁师范高等专科学校图书馆	4400 平方米
258	天津农学院图书馆	4260 平方米
259	十堰职业技术学院图书馆	4246 平方米
260	达县师范高等专科学校图书馆	4112 平方米
261	上海科学技术职业学院图书馆	4000 平方米
262	西安电力高等专科学校图书馆	3950 平方米
263	黔南民族医学高等专科学校图书馆	3937 平方米
264	闽西职业技术学院成功图书馆	3863 平方米
265	西安美术学院图书馆	3628 平方米
266	上海新侨职业技术学院图书馆	3600 平方米
267	广西工业职业技术学院图书馆	3573 平方米
268	鲁迅美术学院图书馆	3500 平方米
269	海南医学院图书馆	3466 平方米
270	民办上海中侨职业技术学院图书馆	3300 平方米
271	丽水职业技术学院图书馆	3243 平方米
272	西安交通大学城市学院图书馆	3204 平方米
273	浙江交通职业技术学院图书馆	3200 平方米
274	上海城管学院图书馆	3170 平方米
275	四川化工职业技术学院	3170 平方米
276	天津电子信息职业技术学院图书馆	3140 平方米
277	陕西交通职业技术学院图书馆	3133 平方米
278	商洛师范专科学校图书馆	3100 平方米

续表

序号	图书馆名称	数据
279	西安音乐学院图书馆	3094 平方米
280	河北工程技术高等专科学校图书馆	3056 平方米
281	天津商业大学宝德学院图书馆	3000 平方米
282	吕梁高等专科学校图书馆	2992 平方米
283	福建商业高等专科学校图书馆	2972 平方米
284	宜宾职业技术学院图书馆	2900 平方米
285	南宁地区教育学院	2900 平方米
286	福建华南女子职业学院图书馆	2666 平方米
287	湖北美术学院图书馆	2457 平方米
288	上海旅游高等专科学校图书馆	2400 平方米
289	上海托普信息技术职业学院图书馆	2337 平方米
290	广东轻工职业技术学院图书馆	2300 平方米
291	山东艺术学院图书馆	2200 平方米
292	福州英华职业学院图书馆	2163 平方米
293	上海音乐学院图书馆	2152 平方米
294	贵州广播电视大学	2139 平方米
295	广西农业职业技术学院图书馆	2089 平方米
296	中国医科大学图书馆	2000 平方米
297	陕西邮电职业技术学院	1414 平方米
298	眉山职业技术学院图书馆	1300 平方米
299	上海海事职业技术学院图书馆	1100 平方米
300	天津中德职业技术学院图书馆	1040 平方米

2006 年 297 所高校图书馆文献资源购置费统计表

数据出自教育部高等学校图书馆事实数据库，为各馆自报。数据提取时间为 2007 年 9 月 20 日。

序号	图书馆名称	数据
1	复旦大学图书馆	29 294 356 元
2	中山大学图书馆	28 061 400 元
3	上海交通大学图书馆	21 989 373 元
4	厦门大学图书馆	20 980 476 元
5	四川大学图书馆	19 950 276 元
6	华南理工大学图书馆	17 318 524 元
7	同济大学图书馆	15 667 578 元
8	西安交通大学图书馆	15 433 883 元
9	华东师范大学图书馆	13 962 348 元
10	浙江工商人学图书馆	13 931 295 元
11	重庆大学图书馆	13 356 509 元
12	安徽工程科技学院图书馆	12 940 000 元
13	大连理工大学图书馆	12 050 000 元
14	中国科学技术大学图书馆	11 671 674 元
15	浙江工业大学图书馆	11 585 300 元
16	西安电子科技大学图书馆	11 482 150 元
17	华东政法大学图书馆	11 226 000 元
18	西北工业大学图书馆	10 900 719 元
19	北京工业大学图书馆	10 230 000 元
20	四川师范大学图书馆	10 129 557 元
21	长安大学图书馆	10 000 000 元

续表

序号	图书馆名称	数据
22	华东理工大学图书馆	9 927 152 元
23	上海大学图书馆	9 840 000 元
24	合肥工业大学图书馆	9 400 000 元
25	安徽师范大学图书馆	9 360 000 元
26	海南大学图书馆	9 230 935 元
27	扬州大学图书馆	8 514 048 元
28	东华大学图书馆	8 500 000 元
29	西南交通大学图书馆	8 441 560 元
30	青岛科技大学图书馆	8 110 000 元
31	潍坊学院图书馆	8 000 000 元
32	安徽大学图书馆	8 000 000 元
33	陕西师范大学图书馆	7 790 000 元
34	西华大学图书馆	7 746 000 元
35	仰恩大学图书馆	7 500 000 元
36	南京理工大学图书馆	7 478 989 元
37	电子科技大学图书馆	7 100 000 元
38	北京林业大学图书馆	7 089 771 元
39	中国民航大学图书馆	7 000 000 元
40	浙江财经学院图书馆	7 000 000 元
41	上海师范大学图书馆	6 969 506 元
42	浙江林学院图书馆	6 873 549 元
43	集美大学图书馆	6 738 590 元
44	上海对外贸易学院图书馆	6 703 432 元

续表

序号	图书馆名称	数据
45	汕头大学图书馆	6 150 000 元
46	山西大学图书馆	6 070 400 元
47	咸阳师范学院图书馆	6 000 000 元
48	西北农林科技大学图书馆	5 760 000 元
49	哈尔滨理工大学图书馆	5 651 592 元
50	天津科技大学图书馆	5 618 753 元
51	江汉大学图书馆	5 500 000 元
52	中国地质大学图书馆	5 468 000 元
53	成都理工大学图书馆	5 448 681 元
54	湖北大学图书馆	5 400 000 元
55	洛阳师范学院图书馆	5 305 177 元
56	闽江学院图书馆	5 300 000 元
57	四川农业大学图书馆	5 300 000 元
58	华侨大学图书馆	5 300 000 元
59	沈阳大学图书馆	5 260 241 元
60	上海应用技术学院图书馆	5 184 512 元
61	嘉兴学院图书馆	5 178 690 元
62	南京医科大学图书馆	5 150 000 元
63	江南大学图书馆	5 135 000 元
64	上海工程技术大学图书馆	5 116 670 元
65	延安大学图书馆	5 061 390 元
66	西南科技大学图书馆	5 050 369 元
67	淮阴师范学院图书馆	5 050 000 元

续表

序号	图书馆名称	数据
68	福建农林大学图书馆	5 000 000 元
69	成都中医药大学图书馆	5 000 000 元
70	湖北工业大学图书馆	5 000 000 元
71	湖南理工学院图书馆	5 000 000 元
72	民办上海工商外国语职业学院图书馆	4 991 625 元
73	上海财经大学图书馆	4 873 940 元
74	西南民族大学图书馆	4 827 455 元
75	南京航空航天大学图书馆	4 810 975 元
76	石家庄经济学院图书馆	4 794 385 元
77	大连大学图书馆	4 790 059 元
78	西北大学图书馆	4 766 600 元
79	烟台大学图书馆	4 750 000 元
80	大连民族学院图书馆	4 750 000 元
81	天津师范大学图书馆	4 738 000 元
82	陕西科技大学图书馆	4 634 700 元
83	辽宁大学图书馆	4 504 196 元
84	河北工业大学图书馆	4 500 000 元
85	宁波大学图书馆	4 500 000 元
86	西安建筑科技大学图书馆	4 434 561 元
87	辽宁科技大学图书馆	4 370 000 元
88	渝西学院图书馆	4 346 270 元
89	西藏民族学院图书馆	4 300 000 元
90	宜宾学院图书馆	4 282 023 元

续表

序号	图书馆名称	数据
91	绍兴文理学院图书馆	4 167 309 元
92	西安理工大学图书馆	4 160 000 元
93	天津理工学院图书馆	4 151 922 元
94	温州医学院图书馆	4 134 325 元
95	河南科技学院图书馆	4 029 700 元
96	西南石油大学图书馆	3 955 548 元
97	上海海事大学图书馆	3 940 000 元
98	中国美术学院图书馆	3 899 832 元
99	西安工程大学图书馆	3 856 928 元
100	民办浙江树人学院图书馆	3 850 000 元
101	宜宾职业技术学院图书馆	3 794 000 元
102	上海立信会计学院	3 770 360 元
103	上海金融学院	3 750 000 元
104	川北医学院图书馆	3 741 700 元
105	怀化学院图书馆	3 730 000 元
106	四川理工学院图书馆	3 700 000 元
107	西安石油大学图书馆	3 700 000 元
108	四川外语学院图书馆	3 602 965 元
109	西南财经大学图书馆	3 594 803 元
110	西安工业大学图书馆	3 586 452 元
111	东北财经大学图书馆	3 560 066 元
112	西安欧亚职业学院图书馆	3 531 500 元
113	上海电机学院图书馆	3 512 010 元

续表

序号	图书馆名称	数据
114	重庆医科大学图书馆	3 501 103 元
115	浙江工商职业技术学院图书馆	3 481 939 元
116	四川音乐学院图书馆	3 411 765 元
117	泉州师范学院图书馆	3 400 000 元
118	浙江科技学院图书馆	3 377 528 元
119	上海水产大学图书馆	3 340 686 元
120	辽宁工程技术大学图书馆	3 291 004 元
121	河北经贸大学图书馆	3 290 000 元
122	攀枝花学院图书馆	3 252 114 元
123	西北政法大学图书馆	3 234 652 元
124	黔南民族医学高等专科学校图书馆	3 220 000 元
125	西安科技大学图书馆	3 200 000 元
126	天津商学院图书馆	3 190 600 元
127	常熟理工学院图书馆	3 159 888 元
128	山西师范大学图书馆	3 150 000 元
129	天津工程师范学院图书馆	3 114 820 元
130	厦门理工学院图书馆	3 110 000 元
131	北京服装学院图书馆	3 010 241 元
132	浙江传媒学院图书馆	3 010 000 元
133	福建工程学院图书馆	3 000 000 元
134	淮海工学院图书馆	3 000 000 元
135	上海体育学院图书馆	3 000 000 元
136	上海理工大学图书馆	3 000 000 元

续表

序号	图书馆名称	数据
137	西安文理学院图书馆	2 968 000 元
138	复旦大学太平洋金融学院图书馆	2 850 000 元
139	西安邮电学院图书馆	2 807 000 元
140	漳州职业技术学院图书馆	2 753 907 元
141	茂名学院图书馆	2 732 183 元
142	山东艺术学院图书馆	2 670 821 元
143	浙江海洋学院图书馆	2 660 000 元
144	中国民用航空飞行学院图书馆	2 615 600 元
145	上海中医药大学图书馆	2 600 000 元
146	上海电力学院图书馆	2 560 000 元
147	石家庄铁道学院图书馆	2 534 000 元
148	成都信息工程学院图书馆	2 517 297 元
149	湖北警官学院图书馆	2 500 000 元
150	乐山师范学院图书馆	2 474 607 元
151	浙江公安高等专科学校图书馆	2 452 868 元
152	辽宁师范大学图书馆	2 441 316 元
153	宝鸡文理学院图书馆	2 439 791 元
154	陕西理工学院图书馆	2 400 000 元
155	贵州师范大学图书馆	2 386 423 元
156	西昌学院图书馆	2 358 700 元
157	合肥学院图书馆	2 300 000 元
158	上海外国语大学图书馆	2 260 542 元
159	武汉科技大学城市学院	2 214 457 元

续表

序号	图书馆名称	数据
160	洛阳工业高等专科学校图书馆	2 200 000 元
161	西安培华学院图书馆	2 186 282 元
162	上海建桥学院	2 120 680 元
163	大连交通大学图书馆	2 100 000 元
164	辽东学院	2 100 000 元
165	成都大学图书馆	2 080 000 元
166	绵阳师范学院图书馆	2 032 715 元
167	西安医学院图书馆	2 022 552 元
168	皖西学院图书馆	2 017 000 元
169	上海商学院图书馆	2 000 000 元
170	湖州师范学院图书馆	2 000 000 元
171	西安财经学院图书馆	2 000 000 元
172	西安美术学院图书馆	2 000 000 元
173	东华理工学院图书馆	2 000 000 元
174	达县师范高等专科学校图书馆	1 979 765 元
175	西华师范大学图书馆	1 900 000 元
176	大连轻工业学院图书馆	1 898 047 元
177	浙江广厦建设职业技术学院图书馆	1 850 408 元
178	西安航空技术高等专科学校图书馆	1 850 000 元
179	上海第二工业大学图书馆	1 730 000 元
180	海南医学院图书馆	1 720 000 元
181	浙江警官职业学院图书馆	1 719 032 元
182	西安体育学院图书馆	1 692 161 元

续表

序号	图书馆名称	数据
183	西安思源职业学院图书馆	1 691 032 元
184	天津商业大学宝德学院图书馆	1 661 000 元
185	陕西国际商贸职业学院	1 631 020 元
186	四川警官高等专科学校图书馆	1 611 800 元
187	河北大学图书馆	1 540 000 元
188	石家庄学院图书馆	1 500 000 元
189	河北工业职业技术学院图书馆	1 500 000 元
190	北京中医药大学图书馆	1 500 000 元
191	天津外国语学院图书馆	1 500 000 元
192	东北电力大学图书馆	1 500 000 元
193	黎明职业大学图书馆	1 500 000 元
194	上海海关高等专科学校图书馆	1 497 480 元
195	西安翻译学院图书馆	1 472 848 元
196	福建商业高等专科学校图书馆	1 466 290 元
197	广东外语艺术职业学院图书馆	1 465 482 元
198	榆林学院图书馆	1 450 840 元
199	宁波工程学院图书馆	1 450 783 元
200	太原师范学院图书馆	1 450 026 元
201	丽水学院图书馆	1 442 626 元
202	西安外事学院图书馆	1 427 420 元
203	三亚航空旅游职业学院图书馆	1 395 000 元
204	渭南师范学院图书馆	1 360 000 元
205	丽水职业技术学院图书馆	1 327 486 元

续表

序号	图书馆名称	数据
206	复旦大学上海视觉艺术学院图书馆	1 316 171 元
207	黄冈师范学院图书馆	1 314 000 元
208	西安外国语大学图书馆	1 300 000 元
209	浙江工贸职业技术学院图书馆	1 286 989 元
210	闽西职业技术学院成功图书馆	1 286 467 元
211	鲁迅美术学院图书馆	1 270 000 元
212	首都师范大学图书馆	1 262 900 元
213	漯河职业技术学院图书馆	1 220 000 元
214	广东轻工职业技术学院图书馆	1 216 175 元
215	无锡职业技术学院图书馆	1 200 000 元
216	湖州职业技术学院图书馆	1 195 390 元
217	琼州大学图书馆	1 114 082 元
218	西京职业学院图书馆	1 113 058 元
219	天津农学院图书馆	1 100 000 元
220	民办金华职业技术学院图书馆	1 089 972 元
221	泸州医学院图书馆	1 087 000 元
222	陕西中医学院图书馆	1 080 000 元
223	民办东海职业技术学院图书馆	1 074 662 元
224	忻州师范学院图书馆	1 013 767 元
225	沈阳工程学院图书馆	1 000 000 元
226	福建公安高等专科学校图书馆	1 000 000 元
227	长沙师范专科学校	1 000 000 元
228	湖北美术学院图书馆	968 518 元

续表

序号	图书馆名称	数据
229	陕西国防工业职业技术学院图书馆	918 900 元
230	商洛师范专科学校图书馆	885 916 元
231	天津中医学院图书馆	869 740 元
232	浙江经济职业技术学院图书馆	855 749 元
233	上海新侨职业技术学院图书馆	844 134 元
234	成都航空职业技术学院图书馆	835 808 元
235	四川交通职业技术学院图书馆	830 000 元
236	成都电子机械高等专科学校图书馆	823 380 元
237	内江师范学院图书馆	801 342 元
238	康定民族师范高等专科学校图书馆	800 506 元
239	广东警官学院图书馆	732 693 元
240	上海戏剧学院图书馆	730 000 元
241	西安交通大学城市学院图书馆	724 000 元
242	四川航天职业技术学院	720 000 元
243	浙江交通职业技术学院图书馆	700 000 元
244	郧阳师范高等专科学校图书馆	688 136 元
245	上海科学技术职业学院图书馆	650 000 元
246	辽宁农业职业技术学院图书馆	628 484 元
247	上海音乐学院图书馆	601 387 元
248	太原大学图书馆	600 000 元
249	杨凌职业技术学院图书馆	600 000 元
250	柳州师范高等专科学校图书馆	567 264 元
251	安康师范专科学校图书馆	555 549 元

续表

序号	图书馆名称	数据
252	贵州商业高等专科学校图书馆	513 274 元
253	常德职业技术学院图书馆	500 000 元
254	宁德师范高等专科学校图书馆	500 000 元
255	安徽交通职业技术学院图书馆	500 000 元
256	四川烹饪高等专科学校图书馆	477 000 元
257	广西农业职业技术学院图书馆	445 988 元
258	上海海事职业技术学院图书馆	440 000 元
259	上海旅游高等专科学校图书馆	409 000 元
260	上海出版印刷高等专科学校图书馆	400 000 元
261	十堰职业技术学院图书馆	400 000 元
262	绍兴托普信息职业技术学院图书馆	389 081 元
263	河北工程技术高等专科学校图书馆	387 400 元
264	西安电力高等专科学校图书馆	366 670 元
265	陕西交通职业技术学院图书馆	356 893 元
266	长治学院图书馆	340 000 元
267	天津职业大学图书馆	330 000 元
268	上海城管学院图书馆	300 000 元
269	上海行健职业学院图书馆	300 000 元
270	陕西邮电职业技术学院	300 000 元
271	陕西能源职业技术学院图书馆	273 349 元
272	铜仁师范高等专科学校图书馆	257 546 元
273	天津中德职业技术学院图书馆	242 450 元
274	西安铁路职业技术学院图书馆	235 983 元

续表

序号	图书馆名称	数据
275	浙江国际海运职业技术学院图书馆	228 141 元
276	民办上海中侨职业技术学院图书馆	217 767 元
277	民办上海济光职业技术学院图书馆	200 000 元
278	天津电子信息职业技术学院图书馆	200 000 元
279	天津滨海职业学院图书馆	200 000 元
280	广西经济管理干部学院	200 000 元
281	上海托普信息技术职业学院图书馆	190 119 元
282	西安音乐学院图书馆	176 130 元
283	福建华南女子职业学院图书馆	168 302 元
284	吕梁高等专科学校图书馆	160 000 元
285	贵州广播电视大学	140 000 元
286	天津体育学院图书馆	132 000 元
287	贵州教育学院	122 222 元
288	太原理工大学图书馆	120 000 元
289	成都体育学院图书馆	116 000 元
290	成都纺织高等专科学校图书馆	100 000 元
291	伊犁职业技术学院图书馆	100 000 元
292	四川职业技术学院图书馆	90 934 元
293	安徽职业技术学院图书馆	80 000 元
294	南宁地区教育学院	74 804 元
295	眉山职业技术学院图书馆	20 000 元
296	四川化工职业技术学院	10 000 元
297	广西工业职业技术学院图书馆	2000 元

2006年300所高校图书馆纸质文献累积量统计表

数据出自教育部高等学校图书馆事实数据库，为各馆自报。数据提取时间为2007年9月20日。

序号	图书馆名称	数据
1	四川大学图书馆	4 028 537 册
2	中山大学图书馆	4 027 965 册
3	复旦大学图书馆	3 840 996 册
4	同济大学图书馆	3 323 639 册
5	华东师范大学图书馆	3 298 822 册
6	上海大学图书馆	3 260 271 册
7	西安交通大学图书馆	3 075 172 册
8	上海交通大学图书馆	3 046 923 册
9	上海师范大学图书馆	2 563 009 册
10	扬州大学图书馆	2 521 423 册
11	四川师范大学图书馆	2 441 774 册
12	重庆大学图书馆	2 431 533 册
13	陕西师范大学图书馆	2 376 761 册
14	天津师范大学图书馆	2 326 122 册
15	厦门大学图书馆	2 277 651 册
16	华东理工大学图书馆	2 199 043 册
17	长安大学图书馆	2 193 807 册
18	中北大学图书馆	2 070 300 册
19	大连理工大学图书馆	2 066 234 册
20	首都师范大学图书馆	2 016 131 册
21	河北大学图书馆	1 931 807 册

续表

序号	图书馆名称	数据
22	西安建筑科技大学图书馆	1 911 109 册
23	浙江工业大学图书馆	1 888 978 册
24	西北大学图书馆	1 887 283 册
25	江汉大学图书馆	1 847 085 册
26	华南理工大学图书馆	1 833 240 册
27	安徽师范大学图书馆	1 799 722 册
28	山西大学图书馆	1 777 424 册
29	宝鸡文理学院图书馆	1 732 889 册
30	太原理工大学图书馆	1 680 960 册
31	西南财经大学图书馆	1 680 000 册
32	湖北大学图书馆	1 660 228 册
33	北京林业大学图书馆	1 644 282 册
34	江南大学图书馆	1 562 021 册
35	西南交通大学图书馆	1 550 146 册
36	集美大学图书馆	1 537 781 册
37	安徽大学图书馆	1 520 659 册
38	浙江工商大学图书馆	1 507 323 册
39	渭南师范学院图书馆	1 500 000 册
40	辽宁大学图书馆	1 489 084 册
41	西北农林科技大学图书馆	1 469 070 册
42	天津商学院图书馆	1 452 000 册
43	西华大学图书馆	1 444 060 册
44	潍坊学院图书馆	1 418 586 册

续表

序号	图书馆名称	数据
45	福建农林大学图书馆	1 407 783 册
46	合肥工业大学图书馆	1 405 672 册
47	沈阳大学图书馆	1 362 000 册
48	烟台大学图书馆	1 358 136 册
49	天津科技大学图书馆	1 357 478 册
50	西华师范大学图书馆	1 357 422 册
51	西安理工大学图书馆	1 346 918 册
52	中国科学技术大学图书馆	1 336 500 册
53	天津理工学院图书馆	1 320 213 册
54	辽宁师范大学图书馆	1 305 881 册
55	山西师范大学图书馆	1 283 325 册
56	西安电子科技大学图书馆	1 278 623 册
57	淮阴师范学院图书馆	1 270 541 册
58	西安科技大学图书馆	1 270 458 册
59	西昌学院图书馆	1 270 200 册
60	电子科技大学图书馆	1 268 700 册
61	西北工业大学图书馆	1 257 754 册
62	青岛科技大学图书馆	1 255 000 册
63	西南石油大学图书馆	1 254 747 册
64	河北经贸大学图书馆	1 247 612 册
65	东华大学图书馆	1 243 666 册
66	哈尔滨理工大学图书馆	1 240 669 册
67	海南大学图书馆	1 231 631 册

续表

序号	图书馆名称	数据
68	渝西学院图书馆	1 226 958 册
69	四川理工学院图书馆	1 213 479 册
70	泉州师范学院图书馆	1 211 100 册
71	成都理工大学图书馆	1 202 212 册
72	上海海事大学图书馆	1 198 871 册
73	南京理工大学图书馆	1 196 303 册
74	贵州师范大学图书馆	1 189 084 册
75	大连大学图书馆	1 188 811 册
76	石家庄经济学院图书馆	1 186 950 册
77	四川农业大学图书馆	1 180 784 册
78	西安邮电学院图书馆	1 178 617 册
79	华东政法大学图书馆	1 175 323 册
80	洛阳师范学院图书馆	1 168 272 册
81	上海财经大学图书馆	1 143 687 册
82	成都信息工程学院图书馆	1 113 239 册
83	西安财经学院图书馆	1 108 815 册
84	辽宁工程技术大学图书馆	1 097 177 册
85	陕西科技大学图书馆	1 066 539 册
86	嘉兴学院图书馆	1 054 729 册
87	成都大学图书馆	1 054 620 册
88	宁波大学图书馆	1 045 791 册
89	中国民航大学图书馆	1 044 935 册
90	南京航空航天大学图书馆	1 040 023 册

续表

序号	图书馆名称	数据
91	辽宁科技大学图书馆	1 029 327 册
92	浙江财经学院图书馆	1 028 256 册
93	中国地质大学图书馆	1 019 991 册
94	西北政法大学图书馆	1 019 970 册
95	湖南理工学院图书馆	1 015 777 册
96	上海对外贸易学院图书馆	1 014 392 册
97	太原师范学院图书馆	999 101 册
98	西安工业大学图书馆	994 871 册
99	天津外国语学院图书馆	992 100 册
100	浙江海洋学院图书馆	987 000 册
101	东北财经大学图书馆	982 410 册
102	西南民族大学图书馆	961 573 册
103	上海理工大学图书馆	956 228 册
104	湖北工业大学图书馆	945 405 册
105	陕西理工学院图书馆	936 697 册
106	东华理工学院图书馆	936 260 册
107	浙江林学院图书馆	933 900 册
108	上海应用技术学院图书馆	931 959 册
109	茂名学院图书馆	904 634 册
110	宜宾学院图书馆	902 646 册
111	上海工程技术大学图书馆	901 857 册
112	绍兴文理学院图书馆	896 957 册
113	河南科技学院图书馆	890 125 册

续表

序号	图书馆名称	数据
114	汕头大学图书馆	881 099 册
115	淮海工学院图书馆	878 666 册
116	天津工程师范学院图书馆	868 670 册
117	内江师范学院图书馆	859 531 册
118	西安外事学院图书馆	858 075 册
119	湖州师范学院图书馆	856 180 册
120	西安工程大学图书馆	854 073 册
121	忻州师范学院图书馆	850 000 册
122	民办金华职业技术学院图书馆	831 399 册
123	闽江学院图书馆	830 129 册
124	大连民族学院图书馆	827 616 册
125	黄冈师范学院图书馆	819 761 册
126	咸阳师范学院图书馆	807 231 册
127	上海水产大学图书馆	796 407 册
128	攀枝花学院图书馆	783 918 册
129	河北工业大学图书馆	780 610 册
130	皖西学院图书馆	776 147 册
131	延安大学图书馆	773 055 册
132	常熟理工学院图书馆	772 069 册
133	西安欧亚职业学院图书馆	772 000 册
134	宁波工程学院图书馆	768 094 册
135	成都中医药大学图书馆	763 786 册
136	大连轻工业学院图书馆	761 913 册

续表

序号	图书馆名称	数据
137	北京工业大学图书馆	749 274 册
138	乐山师范学院图书馆	738 213 册
139	民办浙江树人学院图书馆	737 959 册
140	上海第二工业大学图书馆	734 840 册
141	大连交通大学图书馆	733 679 册
142	怀化学院图书馆	732 382 册
143	仰恩大学图书馆	726 237 册
144	上海外国语大学图书馆	725 911 册
145	上海电力学院图书馆	725 857 册
146	石家庄铁道学院图书馆	725 112 册
147	西安翻译学院图书馆	707 827 册
148	西南科技大学图书馆	707 545 册
149	绵阳师范学院图书馆	706 936 册
150	东北电力大学图书馆	701 718 册
151	丽水学院图书馆	698 817 册
152	洛阳工业高等专科学校图书馆	690 015 册
153	温州医学院图书馆	688 473 册
154	福建工程学院图书馆	684 281 册
155	西安石油大学图书馆	682 278 册
156	西藏民族学院图书馆	677 835 册
157	浙江科技学院图书馆	672 318 册
158	西安文理学院图书馆	668 113 册
159	四川音乐学院图书馆	662 888 册

续表

序号	图书馆名称	数据
160	郧阳师范高等专科学校图书馆	656 413 册
161	西安外国语大学图书馆	652 298 册
162	西京职业学院图书馆	633 475 册
163	榆林学院图书馆	631 322 册
164	石家庄学院图书馆	628 000 册
165	浙江传媒学院图书馆	624 500 册
166	上海立信会计学院	620 000 册
167	上海建桥学院	609 635 册
168	达县师范高等专科学校图书馆	605 190 册
169	安康师范专科学校图书馆	604 996 册
170	上海金融学院	601 639 册
171	四川警官高等专科学校图书馆	597 063 册
172	西安医学院图书馆	596 738 册
173	浙江公安高等专科学校图书馆	591 796 册
174	上海中医药大学图书馆	589 116 册
175	安徽工程科技学院图书馆	582 155 册
176	西安思源职业学院图书馆	578 263 册
177	漳州职业技术学院图书馆	578 000 册
178	无锡职业技术学院图书馆	568 383 册
179	上海电机学院图书馆	564 475 册
180	广东警官学院图书馆	559 855 册
181	天津职业大学图书馆	559 001 册
182	陕西中医学院图书馆	550 410 册

续表

序号	图书馆名称	数据
183	福建公安高等专科学校图书馆	546 919 册
184	成都电子机械高等专科学校图书馆	545 853 册
185	四川外语学院图书馆	544 428 册
186	北京中医药大学图书馆	540 440 册
187	四川烹饪高等专科学校图书馆	524 162 册
188	康定民族师范高等专科学校图书馆	522 511 册
189	南京医科大学图书馆	516 949 册
190	杨凌职业技术学院图书馆	514 526 册
191	成都体育学院图书馆	508 404 册
192	琼州大学图书馆	508 385 册
193	民办上海工商外国语职业学院图书馆	507 750 册
194	泸州医学院图书馆	503 339 册
195	浙江工商职业技术学院图书馆	492 674 册
196	重庆医科大学图书馆	487 981 册
197	合肥学院图书馆	487 441 册
198	西安培华学院图书馆	487 311 册
199	上海海关高等专科学校图书馆	481 228 册
200	沈阳工程学院图书馆	472 069 册
201	西安体育学院图书馆	452 991 册
202	西安美术学院图书馆	450 000 册
203	湖北警官学院图书馆	447 350 册
204	浙江经济职业技术学院图书馆	446 828 册
205	中国美术学院图书馆	445 616 册

续表

序号	图书馆名称	数据
206	川北医学院图书馆	432 913 册
207	天津中医学院图书馆	428 866 册
208	厦门理工学院图书馆	413 816 册
209	山东艺术学院图书馆	410 603 册
210	上海体育学院图书馆	405 954 册
211	广东轻工职业技术学院图书馆	391 891 册
212	浙江工贸职业技术学院图书馆	387 248 册
213	浙江广厦建设职业技术学院图书馆	384 813 册
214	浙江警官职业学院图书馆	377 289 册
215	四川交通职业技术学院图书馆	371 434 册
216	西安电力高等专科学校图书馆	361 676 册
217	中国民用航空飞行学院图书馆	357 381 册
218	成都纺织高等专科学校图书馆	352 817 册
219	北京服装学院图书馆	349 302 册
220	湖州职业技术学院图书馆	345 139 册
221	黎明职业大学图书馆	344 794 册
222	长治学院图书馆	341 268 册
223	海南医学院图书馆	339 862 册
224	西安铁路职业技术学院图书馆	329 736 册
225	宜宾职业技术学院图书馆	328 000 册
226	天津中德职业技术学院图书馆	324 997 册
227	安徽职业技术学院图书馆	315 048 册
228	吕梁高等专科学校图书馆	307 876 册

续表

序号	图书馆名称	数据
229	广东外语艺术职业学院图书馆	306 589 册
230	西安航空技术高等专科学校图书馆	306 185 册
231	天津滨海职业学院图书馆	303 000 册
232	上海托普信息技术职业学院图书馆	301 790 册
233	天津体育学院图书馆	301 409 册
234	长沙师范专科学校	300 000 册
235	丽水职业技术学院图书馆	291 750 册
236	柳州师范高等专科学校图书馆	288 848 册
237	上海新侨职业技术学院图书馆	283 245 册
238	鲁迅美术学院图书馆	282 523 册
239	广西工业职业技术学院图书馆	280 910 册
240	宁德师范高等专科学校图书馆	276 762 册
241	铜仁师范高等专科学校图书馆	276 728 册
242	常德职业技术学院图书馆	274 200 册
243	华侨大学图书馆	272 890 册
244	四川职业技术学院图书馆	264 652 册
245	陕西能源职业技术学院图书馆	260 400 册
246	商洛师范专科学校图书馆	260 385 册
247	上海戏剧学院图书馆	260 239 册
248	天津电子信息职业技术学院图书馆	255 048 册
249	民办东海职业技术学院图书馆	254 500 册
250	上海旅游高等专科学校图书馆	254 227 册
251	复旦大学太平洋金融学院图书馆	252 300 册

续表

序号	图书馆名称	数据
252	陕西国防工业职业技术学院图书馆	252 000 册
253	辽宁农业职业技术学院图书馆	251 306 册
254	浙江国际海运职业技术学院图书馆	250 361 册
255	河北工程技术高等专科学校图书馆	250 311 册
256	上海出版印刷高等专科学校图书馆	248 500 册
257	浙江交通职业技术学院图书馆	247 958 册
258	成都航空职业技术学院图书馆	242 858 册
259	贵州商业高等专科学校图书馆	239 362 册
260	太原大学图书馆	238 000 册
261	闽西职业技术学院成功图书馆	237 121 册
262	绍兴托普信息职业技术学院图书馆	216 333 册
263	十堰职业技术学院图书馆	215 500 册
264	河北工业职业技术学院图书馆	215 000 册
265	广西经济管理干部学院	210 660 册
266	西安音乐学院图书馆	210 098 册
267	伊犁职业技术学院图书馆	210 000 册
268	上海科学技术职业学院图书馆	206 397 册
269	民办上海济光职业技术学院图书馆	203 458 册
270	漯河职业技术学院图书馆	201 333 册
271	西安交通大学城市学院图书馆	191 221 册
272	四川化工职业技术学院	187 370 册
273	湖北美术学院图书馆	182 840 册
274	武汉科技大学城市学院	181 019 册

续表

序号	图书馆名称	数据
275	安徽交通职业技术学院图书馆	168 666 册
276	上海音乐学院图书馆	168 659 册
277	上海海事职业技术学院图书馆	166 341 册
278	四川航天职业技术学院	166 250 册
279	上海行健职业学院图书馆	165 000 册
280	上海城管学院图书馆	158 945 册
281	民办上海中侨职业技术学院图书馆	157 348 册
282	陕西交通职业技术学院图书馆	150 961 册
283	天津农学院图书馆	149 552 册
284	贵州广播电视大学	146 633 册
285	广西农业职业技术学院图书馆	143 646 册
286	陕西国际商贸职业学院	140 000 册
287	福建商业高等专科学校图书馆	139 528 册
288	黔南民族医学高等专科学校图书馆	122 449 册
289	陕西邮电职业技术学院	120 000 册
290	陕西职业技术学院图书馆	110 285 册
291	福建华南女子职业学院图书馆	108 944 册
292	眉山职业技术学院图书馆	107 816 册
293	上海商学院图书馆	100 372 册
294	天津商业大学宝德学院图书馆	99 719 册
295	南宁地区教育学院	97 100 册
296	贵州教育学院	90 686 册
297	福州英华职业学院图书馆	67 256 册

续表

序号	图书馆名称	数据
298	复旦大学上海视觉艺术学院图书馆	64 224 册
299	三亚航空旅游职业学院图书馆	50 100 册
300	辽东学院	40 036 册

2006 年 302 所高校图书馆正式职工人数统计表

数据出自教育部高等学校图书馆事实数据库，为各馆自报。数据提取时间为 2007 年 9 月 20 日。

序号	图书馆名称	数据
1	上海交通大学图书馆	254 人
2	上海大学图书馆	237 人
3	四川大学图书馆	219 人
4	同济大学图书馆	214 人
5	中山大学图书馆	205 人
6	复旦大学图书馆	194 人
7	扬州大学图书馆	193 人
8	厦门大学图书馆	182 人
9	重庆大学图书馆	174 人
10	西安交通大学图书馆	165 人
11	华东师范大学图书馆	156 人
12	长安大学图书馆	145 人
13	西北农林科技大学图书馆	144 人
14	合肥工业大学图书馆	144 人
15	河北大学图书馆	143 人

续表

序号	图书馆名称	数据
16	哈尔滨理工大学图书馆	137 人
17	上海师范大学图书馆	132 人
18	华南理工大学图书馆	130 人
19	太原理工大学图书馆	123 人
20	华东理工大学图书馆	121 人
21	大连理工大学图书馆	121 人
22	江南大学图书馆	120 人
23	集美大学图书馆	120 人
24	河北经贸大学图书馆	119 人
25	天津师范大学图书馆	118 人
26	辽宁大学图书馆	115 人
27	安徽大学图书馆	115 人
28	西南交通大学图书馆	114 人
29	四川师范大学图书馆	114 人
30	烟台大学图书馆	109 人
31	华东政法大学图书馆	108 人
32	沈阳大学图书馆	108 人
33	江汉大学图书馆	105 人
34	安徽师范大学图书馆	98 人
35	浙江工业大学图书馆	98 人
36	首都师范大学图书馆	97 人
37	山西师范大学图书馆	95 人
38	西南民族大学图书馆	95 人

续表

序号	图书馆名称	数据
39	中国科学技术大学图书馆	94人
40	东华大学图书馆	92人
41	陕西师范大学图书馆	91人
42	湖北大学图书馆	91人
43	西安财经学院图书馆	89人
44	中国地质大学图书馆	88人
45	东北财经大学图书馆	88人
46	浙江工商大学图书馆	88人
47	宁波大学图书馆	88人
48	淮阴师范学院图书馆	87人
49	上海应用技术学院图书馆	86人
50	天津理工学院图书馆	85人
51	南京航空航天大学图书馆	84人
52	南京理工大学图书馆	84人
53	西华师范大学图书馆	84人
54	太原师范学院图书馆	83人
55	成都理工大学图书馆	82人
56	西安翻译学院图书馆	82人
57	福建农林大学图书馆	81人
58	渝西学院图书馆	81人
59	西安建筑科技大学图书馆	79人
60	华侨大学图书馆	79人
61	电子科技大学图书馆	79人

续表

序号	图书馆名称	数据
62	北京工业大学图书馆	79 人
63	大连大学图书馆	78 人
64	潍坊学院图书馆	78 人
65	西北工业大学图书馆	77 人
66	山西大学图书馆	77 人
67	青岛科技大学图书馆	76 人
68	湖南理工学院图书馆	76 人
69	贵州师范大学图书馆	75 人
70	北京林业大学图书馆	75 人
71	西安科技大学图书馆	74 人
72	西南石油大学图书馆	72 人
73	海南大学图书馆	72 人
74	辽宁师范大学图书馆	72 人
75	辽东学院	71 人
76	淮海工学院图书馆	71 人
77	西华大学图书馆	71 人
78	西北政法大学图书馆	69 人
79	上海中医药大学图书馆	69 人
80	辽宁科技大学图书馆	68 人
81	中北大学图书馆	68 人
82	天津商学院图书馆	67 人
83	西北大学图书馆	67 人
84	西南科技大学图书馆	67 人

续表

序号	图书馆名称	数据
85	西安电子科技大学图书馆	65人
86	上海财经大学图书馆	65人
87	温州医学院图书馆	65人
88	浙江财经学院图书馆	64人
89	东北电力大学图书馆	64人
90	西安理工大学图书馆	63人
91	绵阳师范学院图书馆	62人
92	四川农业大学图书馆	62人
93	河北工业大学图书馆	62人
94	西昌学院图书馆	60人
95	西南财经大学图书馆	60人
96	四川理工学院图书馆	59人
97	大连轻工业学院图书馆	58人
98	绍兴文理学院图书馆	58人
99	嘉兴学院图书馆	57人
100	上海理工大学图书馆	57人
101	茂名学院图书馆	57人
102	东华理工学院图书馆	56人
103	湖北工业大学图书馆	56人
104	内江师范学院图书馆	56人
105	辽宁工程技术大学图书馆	56人
106	天津科技大学图书馆	56人
107	西安外事学院图书馆	56人

续表

序号	图书馆名称	数据
108	石家庄学院图书馆	55 人
109	福建工程学院图书馆	55 人
110	成都信息工程学院图书馆	55 人
111	陕西理工学院图书馆	53 人
112	中国医科大学图书馆	53 人
113	浙江海洋学院图书馆	53 人
114	成都大学图书馆	52 人
115	宜宾学院图书馆	51 人
116	宝鸡文理学院图书馆	51 人
117	南京医科大学图书馆	51 人
118	石家庄经济学院图书馆	51 人
119	湖州师范学院图书馆	50 人
120	渭南师范学院图书馆	50 人
121	西安外国语大学图书馆	50 人
122	大连交通大学图书馆	49 人
123	上海海事大学图书馆	49 人
124	浙江林学院图书馆	48 人
125	延安大学图书馆	48 人
126	皖西学院图书馆	48 人
127	陕西科技大学图书馆	47 人
128	西安工程大学图书馆	47 人
129	上海工程技术大学图书馆	47 人
130	忻州师范学院图书馆	46 人

续表

序号	图书馆名称	数据
131	丽水学院图书馆	46人
132	西安石油大学图书馆	46人
133	成都中医药大学图书馆	46人
134	乐山师范学院图书馆	46人
135	仰恩大学图书馆	46人
136	黄冈师范学院图书馆	46人
137	汕头大学图书馆	46人
138	怀化学院图书馆	44人
139	上海外国语大学图书馆	44人
140	上海第二工业大学图书馆	43人
141	浙江科技学院图书馆	43人
142	天津外国语学院图书馆	43人
143	洛阳师范学院图书馆	43人
144	四川外语学院图书馆	43人
145	咸阳师范学院图书馆	43人
146	中国民航大学图书馆	42人
147	上海水产大学图书馆	42人
148	中国美术学院图书馆	41人
149	西安工业大学图书馆	41人
150	琼州大学图书馆	41人
151	西安欧亚职业学院图书馆	41人
152	西安思源职业学院图书馆	40人
153	北京服装学院图书馆	40人

续表

序号	图书馆名称	数据
154	北京中医药大学图书馆	39 人
155	沈阳工程学院图书馆	39 人
156	常熟理工学院图书馆	39 人
157	泉州师范学院图书馆	39 人
158	漯河职业技术学院图书馆	38 人
159	河南科技学院图书馆	38 人
160	西安文理学院图书馆	38 人
161	民办金华职业技术学院图书馆	38 人
162	天津工程师范学院图书馆	38 人
163	石家庄铁道学院图书馆	37 人
164	安康师范专科学校图书馆	37 人
165	重庆医科大学图书馆	37 人
166	泸州医学院图书馆	37 人
167	西藏民族学院图书馆	36 人
168	闽江学院图书馆	35 人
169	大连民族学院图书馆	35 人
170	上海对外贸易学院图书馆	35 人
171	川北医学院图书馆	34 人
172	四川音乐学院图书馆	33 人
173	合肥学院图书馆	33 人
174	山东艺术学院图书馆	33 人
175	安徽工程科技学院图书馆	33 人
176	上海电力学院图书馆	33 人

续表

序号	图书馆名称	数据
177	杨凌职业技术学院图书馆	33 人
178	柳州师范高等专科学校图书馆	32 人
179	达县师范高等专科学校图书馆	32 人
180	成都电子机械高等专科学校图书馆	31 人
181	商洛师范专科学校图书馆	31 人
182	大连外国语学院图书电教馆	31 人
183	民办浙江树人学院图书馆	31 人
184	上海立信会计学院	31 人
185	浙江传媒学院图书馆	30 人
186	西安体育学院图书馆	30 人
187	西安邮电学院图书馆	30 人
188	铜仁师范高等专科学校图书馆	30 人
189	漳州职业技术学院图书馆	30 人
190	中国民用航空飞行学院图书馆	29 人
191	宁波工程学院图书馆	29 人
192	天津职业大学图书馆	29 人
193	上海电机学院图书馆	27 人
194	上海建桥学院	27 人
195	厦门理工学院图书馆	27 人
196	洛阳工业高等专科学校图书馆	27 人
197	攀枝花学院图书馆	27 人
198	康定民族师范高等专科学校图书馆	26 人
199	陕西中医学院图书馆	26 人

续表

序号	图书馆名称	数据
200	郧阳师范高等专科学校图书馆	26 人
201	海南医学院图书馆	26 人
202	天津中医学院图书馆	26 人
203	浙江广厦建设职业技术学院图书馆	25 人
204	伊犁职业技术学院图书馆	25 人
205	辽宁农业职业技术学院图书馆	24 人
206	长治学院图书馆	24 人
207	成都纺织高等专科学校图书馆	24 人
208	黎明职业大学图书馆	23 人
209	西安培华学院图书馆	23 人
210	河北工业职业技术学院图书馆	23 人
211	上海音乐学院图书馆	23 人
212	上海体育学院图书馆	22 人
213	浙江国际海运职业技术学院图书馆	22 人
214	四川交通职业技术学院图书馆	22 人
215	湖北警官学院图书馆	22 人
216	十堰职业技术学院图书馆	22 人
217	广东警官学院图书馆	22 人
218	福建公安高等专科学校图书馆	21 人
219	榆林学院图书馆	21 人
220	贵州教育学院	20 人
221	四川警官高等专科学校图书馆	20 人
222	闽西职业技术学院成功图书馆	20 人

续表

序号	图书馆名称	数据
223	武汉科技大学城市学院	20 人
224	广东外语艺术职业学院图书馆	20 人
225	浙江公安高等专科学校图书馆	20 人
226	上海戏剧学院图书馆	20 人
227	鲁迅美术学院图书馆	20 人
228	陕西国际商贸职业学院	20 人
229	西京职业学院图书馆	20 人
230	天津农学院图书馆	19 人
231	宁德师范高等专科学校图书馆	19 人
232	福建商业高等专科学校图书馆	19 人
233	成都航空职业技术学院图书馆	19 人
234	成都体育学院图书馆	19 人
235	西安医学院图书馆	18 人
236	广西工业职业技术学院图书馆	18 人
237	吕梁高等专科学校图书馆	18 人
238	天津商业大学宝德学院图书馆	18 人
239	天津体育学院图书馆	18 人
240	上海金融学院	18 人
241	上海海关高等专科学校图书馆	18 人
242	浙江工贸职业技术学院图书馆	18 人
243	陕西国防工业职业技术学院图书馆	18 人
244	西安铁路职业技术学院图书馆	18 人
245	西安美术学院图书馆	17 人

续表

序号	图书馆名称	数据
246	陕西能源职业技术学院图书馆	17 人
247	广东轻工职业技术学院图书馆	17 人
248	西安电力高等专科学校图书馆	17 人
249	湖州职业技术学院图书馆	16 人
250	民办上海工商外国语职业学院图书馆	16 人
251	无锡职业技术学院图书馆	15 人
252	西安音乐学院图书馆	15 人
253	西安航空技术高等专科学校图书馆	15 人
254	常德职业技术学院图书馆	15 人
255	安徽职业技术学院图书馆	15 人
256	安徽交通职业技术学院图书馆	14 人
257	湖北美术学院图书馆	14 人
258	广西经济管理干部学院	14 人
259	四川职业技术学院图书馆	14 人
260	浙江交通职业技术学院图书馆	14 人
261	上海海事职业技术学院图书馆	14 人
262	天津电子信息职业技术学院图书馆	14 人
263	天津滨海职业学院图书馆	14 人
264	太原大学图书馆	14 人
265	南宁地区教育学院	14 人
266	黔南民族医学高等专科学校图书馆	13 人
267	贵州商业高等专科学校图书馆	13 人
268	贵州广播电视大学	12 人

续表

序号	图书馆名称	数据
269	四川化工职业技术学院	12人
270	四川烹饪高等专科学校图书馆	12人
271	上海城管学院图书馆	12人
272	上海旅游高等专科学校图书馆	12人
273	丽水职业技术学院图书馆	12人
274	陕西交通职业技术学院图书馆	12人
275	浙江经济职业技术学院图书馆	11人
276	上海商学院图书馆	11人
277	河北工程技术高等专科学校图书馆	11人
278	广西农业职业技术学院图书馆	11人
279	三亚航空旅游职业学院图书馆	11人
280	长沙师范专科学校	10人
281	天津中德职业技术学院图书馆	9人
282	上海新侨职业技术学院图书馆	9人
283	浙江警官职业学院图书馆	9人
284	陕西职业技术学院图书馆	9人
285	西安交通大学城市学院图书馆	9人
286	陕西邮电职业技术学院	8人
287	民办东海职业技术学院图书馆	8人
288	上海出版印刷高等专科学校图书馆	8人
289	四川航天职业技术学院	8人
290	宜宾职业技术学院图书馆	8人
291	福建华南女子职业学院图书馆	7人

续表

序号	图书馆名称	数据
292	上海行健职业学院图书馆	7 人
293	复旦大学太平洋金融学院图书馆	6 人
294	民办上海济光职业技术学院图书馆	6 人
295	上海科学技术职业学院图书馆	6 人
296	绍兴托普信息职业技术学院图书馆	6 人
297	浙江工商职业技术学院图书馆	6 人
298	上海托普信息技术职业学院图书馆	5 人
299	民办上海中侨职业技术学院图书馆	5 人
300	复旦大学上海视觉艺术学院图书馆	5 人
301	福州英华职业学院图书馆	5 人
302	眉山职业技术学院图书馆	4 人

分报告四：专业图书馆[①]

专业图书馆是我国图书馆事业三大主要体系中重要的组成部分之一，与公共图书馆系统、高校图书馆系统并列而存。专业图书馆广泛地分布于各行业中，覆盖了我国科研机构、政府体系、事业机构、非政府组织、厂矿企业等范围，也是数量最多、种类最杂的一大系统。专业图书馆机构千差万别，服务对象、学科领域、服务模式、发展状况都十分不一样。根据1992年《中国图书馆与情报机构名录大全》的统计数据，当时的专业图书馆数量约8000—9000家，[②] 可以分为几个大的体系：科研院所、政府机关及其所属各部门、厂矿企业、群众团体及其他各种非营利性组织所属的图书馆、资料室、情报资料室或文献馆、文献中心等。

我国专业图书馆系统的主要组成部分是自成系统的各行各业的科研图书馆，从纵向来看，各个系统科研图书馆服从于各自所属的行政管理部门，从上而下地开展业务合作与网络建设，所以各个系统的专业图书馆的整体建设相对较好，如中国科学院国家科学图书馆、中国农业科学院农业图书馆、中国医学科学院医学图书馆、中国科学技术信息研究所（各个省市情报研究所）、中国化工信息中心、中国机械信息中心、冶金工业信息标准研究院信息研究所、中国标准研究院信息中心、中国计量科学研究院图书馆等大中型科研专业图书馆。这些馆均属于国家级专业文献机构，

---

① 说明：由于国内对专业图书馆的归类尚未定论，本书仅对专业图书馆的重要组成部分——科研型图书馆和中央国家机关图书馆作简要描述，并不能全面反映2006年度国内专业图书馆事业的整体发展状况。

② 转引自彭俊玲．专门图书馆研究．北京：中国书籍出版社，2006

也是所属行业文献信息机构的龙头或中心单位，负责牵头协调本行业图书情报业务工作与学术活动，其覆盖力纵向可辐射到全国。

中央国家机关图书馆也是专业图书馆系统的重要类型之一，分布在国务院各部、委（局、办），是直接为各级政府部门服务的图书馆，其服务的对象主要是各级各类决策者和政府部门工作人员，内参性和机密性是中央国家机关图书馆区别于其他类型图书馆的主要特征之一。全国人大常委会图书馆、中联部信息中心、中央编译局信息中心、人民日报社图书馆、新华通讯社图书馆等都是重要的机关图书馆。

专业图书馆领域内的学术社团主要有中国图书馆学会专业图书馆分会，前身是中央国家机关与科研系统图书馆学会，隶属于中国图书馆学会，是国家二级学会，在民政部注册登记。另外，各行业在组织图书情报事业工作中，也形成一些行业性或地区性的学术社团，如中国农学会科技情报分会、中国医学会信息分会、中国化工学会信息分会、中央国家机关图书馆网络等机构，它们不仅是保证本系统内部合作的有效途径，也是联结其他类型图书馆的桥梁。

在党的“十六大”建设创新型国家的发展战略指导下，我国专业图书馆系统也得到了飞速发展。近年来，为适应网络化、数字化、信息化的新环境，专业图书馆领域加强了资源共建共享、联合服务的建设步伐，一些跨地区、跨行业、跨部门的新型的、区别于传统图书馆服务模式的专业文献情报机构和组织相继产生，较重要的新型科技文献服务机构是由科技部牵头，联合中国科学院、财政部、教育部等成立的国家科技图书文献中心（NSTL），以及中科院文献情报系统和中国社会科学院文献情报系统等。这些文献机构以特色化、专业化的发展趋势引领着全国专业图书馆发展的方向，呈现出鲜明的、有别于其他类型图书馆的特点。

一、建设专业图书馆服务体系，拓展文献服务

国家科技图书文献中心是我国专业图书馆服务体系建设中的龙头单位，是专业图书馆系统的重要代表，由国内9家单位联合开展文献资源共享建设，开展联合文献信息服务。其成员单位包括中国科学院文献情报中心、工程技术图书馆（中国科学技术信息研究所、机械工业信息研究院、冶金工业信息标准研究院、中国化工信息中心）、中国农业科学院图书馆、中国医学科学院图书馆等。2006年，国家科技图书文献中心成员单位共计拥有印本外文期刊15 000种，外文会议录等文献5000种，据有关方面统计，分别约占国内引进印本品种总数的2/3。网络服务系统提供服务的文献数据总量超过4000万条。几年来，网上文献信息检索访问总量超过1.2亿人次，其中2006年为4168万人次。2006年成员单位完成全文传递服务79万篇。

（一）联合建设文献资源保障体系

2006年国家科技图书文献中心成员单位完成了增量期刊文献11 483种、会议录等文献2017种、数据库光盘139种的采集，订购存量期刊3060种、会议录等文献936种、数据库光盘6种。

在科技部、财政部的支持下，设立了国家工程技术图书馆，包括中国科学技术信息研究所图书馆（总馆）、机械工业信息研究院图书馆、冶金工业信息标准研究院图书馆、中国化工信息中心图书馆，实现了文献资源的共建共享。国家工程技术图书馆总馆拥有科技资料馆藏677万余件，中外文科技期刊26 000余种计273万册，产品样本50余万册，同时收藏有会议论文、学位论文、科

技电影音像、各类科技文献检索工具等。

在机械工程领域形成了比较完善的文献资源体系，包括原版外文期刊1550种，中文期刊1200种；拥有400余个国外权威学术机构长期连续出版的会议论文集和科技报告约2万余册，它们包含了在7500个学术会议上发表的论文；中外文图书10万余种，10余万册；国内外经济及专业类报纸150余种；中国标准，包括国家标准和行业标准13 000余种；各类型数据库20余种，数据量超过1100万条。

在化学化工领域，形成了20万册图书、资料，中外文现刊2300多种的文献保障体系；长期跟踪、研究、分析国内外化工发展趋势、产业动向和高科技进展，提供行业、专业和产品的市场调研、预测分析、可行性研究报告等；编辑出版十几种国内外公开发行的期刊、专题资料及内部出版物，报道大量有价值的信息和研究成果；承担国家多项政府课题的建设和运行；运营十多个国内知名化工网站。

在冶金工业领域建设了1100余种国外期刊、400余种外文会议录、600余种中文期刊、数千种冶金标准资料及20多万册馆藏文献的保障服务体系，面向社会及全行业提供矿山、冶金、工程材料方面的文献阅览和文献服务；建立有行业知名的“中国冶金信息网”、“世界金属导报”等网站，为行业提供着大量高附加值的专业数据库、统计数据库和特种数据库。

在科学研究领域设立了自然科学分馆（中国科学院国家科学图书馆、文献情报中心），形成了覆盖自然科学和高技术领域的文献资源体系，拥有藏书520万册（件），中外文期刊9000余种，外文期刊7000余种，电子和网络期刊4000余种；组织中国科学院文献情报系统，建设了全文数据库80余个，核心全文数据库实现全院开通；组织建设了中文科学引文数据库、中国科学文摘数据库、全国外文科技期刊联合目录数据库、中国科学院图书联合目录数据库，向世界推广自主科技文献服务品牌——ScienceChina。

在农业科技领域设立了国家农业图书馆，主要进行系统收集、加工、存储、传递和开发利用各种载体的国内外农业科技文献信息，对馆藏文献资源进行数字化整理加工，开展网络化服务。拥有馆藏文献210万余册、33万余种，其中图书31万余册、20万余种，古农书、地方志等15 000余册、3494种，中外文资料12万余册、11万余种，期刊164.7万余册、1.4万余种，目前订购中外文科技期刊3200余种。引进了国际农业与生物科学中心的CABI、联合国粮农组织的AGRIS、美国国家农业图书馆的AGRICOLA等100余种国内外电子数据库。自研自建的中国农业科技文献数据库、国外农业科技文献数据库、中国农业图书馆馆藏文献目录数据库、农牧渔业科技成果数据库、世界农业发展动态数据库、中国食物与宏观农业数据库、中国农业经济分县基础数据库等各类实用型数据库50余个，数据量1500万条，每年新增记录50余万条。

在医学领域，以中国医学科学院、中国协和医科大学医学信息研究所/图书馆为基础，建立了国家科技图书文献中心的医学图书馆，形成了馆藏图书49万册、馆藏期刊12 564种的医学和生命科学文献资源保障体系，其中印刷版期刊4114种，电子期刊8450种，外文生物医学期刊3000余种、中文生物医学期刊1200余种、网络数据库和光盘数据库36种、研究生论文4400余册、中医古籍1000余部、800余种外文医学史专著和2万余册世界卫生组织的系列出版物等。

（二）推进电子资源共享体系建设，促进服务模式转型

2006年，国家科技图书文献中心在财政部支持下，转变文献保障体系建设思路，为全国科技用户开通网络版外文全文期刊数据库，新增140种，综合文献数据库和事实型数据库新增2个，涵

盖地学、农业科学、心理学、生物学、医药和有关工程技术类学科。以联合采购方式引进物理学、化学学科的核心网络版全文期刊 69 种，保障国内重点用户的需求。新购中文电子图书 16 681 种，使为部分单位和个人开通的中文电子版图书总量达 20 万种，为科研工作提供基本的数字信息环境。

在国家科技图书文献中心的推动下，各个主要专业图书馆转变思想观念，以用户为中心，加大电子资源建设和保证力度。2006 年，中国科学院国家科学图书馆组织中国科学院文献情报系统在实现印本资源全面调整的前提下，积极调整电子文献资源结构。在广泛调查基础上，精细分析需求强度频度分布，逐个资源逐个单位地灵活设计最佳的资源供应方式，在最佳效率水平上提高文献资源保障水平，促使在经费没有增加的情况下仍然显著提升了文献资源能力。2006 年利用多方面资源，累计为中国科学院开通文献数据库 78 个，其中新增开通了 22 个文献数据库，外文全文电子期刊达到 7459 种。通过争取 Workstation 方式和"园区 IP"方式，为有特殊需求的 38 个研究所提供了 20 种文献数据库的服务，使 Science 和 SCI 等多种核心资源的保障能力得到显著提升。

机械工业信息研究院开发了"国外机电工程文献文摘数据库"、"国外机电工程汉化篇名数据库"。以每年投入数百万元采集的上千种外文原版科技期刊和会议文献为数据源，将其中涉及装备制造业的科技论文与技术评论文章的有关信息编成文摘，装入数据库，每年可新增数据十余万条。建设的"中国机电工程术语库"是具有多功能、多语种的大型术语数据库，每条术语记录包括中文名称、定义及英、俄、日、德、法 5 种文字的对应项等共 36 个字段项。

中国农业科学院国家农业图书馆组织引进国际农业与生物科学中心的 CABI、联合国粮农组织的 AGRIS、美国国家农业图书馆的 AGRICOLA 等 100 余种国内外数据库，自研自建的中国农业科技文献数据库、国外农业科技文献数据库、中国农业图书馆馆藏文献目录数据库、农牧渔业科技成果数据库、世界农业发展动态数据库、中国食物与宏观农业数据库、中国农业经济分县基础数据库等各类实用型数据库 50 余个，数据量 1500 万条，每年新增记录 50 余万条。在科技部、农业部的支持下，组织建设了中国农业科技信息网，已与农业部、科技部等部委连通，形成覆盖全国的专业网络，实现全球信息资源共享。

（三）开展专题文献信息服务，推进专业图书馆服务转型

2006 年，国家科技图书文献中心推动成员单位坚持“用户为本，诚信服务”，完善机制，强化特色，拓展内容，积极探索为科研用户、企业自主技术创新提供信息服务的新模式。2006 年，采取措施提高用户文献资源的保障效率，将各种方式的全文传递时限从 48 小时缩短到 24 小时，实现了双休日不间断全文传递服务（这在先进国家的大型文献信息服务机构也不多见）。开拓组织网络实时咨询工作，将咨询时间由每日 4 小时延长为 6 小时，非实时咨询回复时间由 3 个工作日缩短为 2 个工作日。

2006 年，专业图书馆机构在保障文献服务的基础上，组织面向专题需求的信息服务，组织专题信息调研，服务企业和宏观科技决策。机械工业信息研究院参照国外信息服务的模式，以沈阳华晨汽车为试点，开展了基于文献服务内容的“信息本地化解决方案”，将文献保障服务以个性化方式集成到企业研发人员的桌面。各个成员单位组织完成了面向 E-science 发展模式和关键技术的情报研究、面向产业集成创新的科技信息门户示范工程、国内外重大慢性非传染性疾病干预措施、我国食物需求预测和科技政策研究、我国生物医学工程产业面临问题的分析研究、全球科技投入要览和全球科技人才工作要览等决策咨询项目，向有关政府

部门提供了近百份的研究报告和专题资料。

中国化工信息中心长期跟踪、研究、分析国内外化工发展趋势、产业动向和高科技进展，提供行业、专业和产品的市场调研、预测分析、可行性研究报告等；编辑出版十几种国内外公开发行的期刊、专题资料及内部出版物；组织中国企业信息环境和创新服务能力调查研究，提供我国企业信息化水平研究报告。

中国农业科学院图书馆积极承担国家科技基础条件平台建设项目——农业科学数据共享中心建设。自 2002 年起，该项目连续滚动五年，已制作农业科学元数据 320 条，修改完善 170 条，分类目录 500 条。建成了共享网站群，形成了 1 个主网站、6 个分网站的网站群模式。已经共享了数据库（集）490 个，整合和改造完成的可共享总数据量 54GB。为 33 个“863”项目（课题）、22 个“973”项目（课题）、30 个国家自然科学基金项目、46 个国家科技攻关项目（课题）、8 个国家其他科技计划项目提供了数据支持。承担国家社会公益研究项目——“食物安全信息共享与公共管理体系研究”。自 2003 年底以来，经过三年的研究，论证了食物安全信息的信用品属性、公共物品属性，阐述了食物安全公共管理的系统性、层次性、强制性，提出了实现食物安全信息共享、构建公共管理体系必须依靠公共投入的重要建议。

中国医科院图书馆成立卫生政策与管理研究中心，围绕国家医药卫生重点项目及国家、部门和医科院下达的重大紧急任务，在生物医学工程学信息、组织工程学及新技术、生命科学和肿瘤学、社会医学、远程医学信息诸领域，开展战略与战术情报分析研究，提供《艾滋病科研动态》、《计划生育科研动态》、《妇幼卫生科研动态》、《生物医学研究动态》、《心血管科研动态》等多种研究动态，为院校及全国各层次人员提供快捷的医学信息服务。成功承办了以“中国医疗卫生发展中的科学问题”为主题的第 283 次香山科学会议。

二、实施体制改革，试点建立新型文献信息服务模式

中国科学院文献情报系统在全国率先开展了专业文献情报系统改革试点，建立适应现代科技信息服务的体制结构和运行机制，探索创新型国家建设的科技文献服务新模式。中国科学院文献情报系统是由分布式的若干院级文献情报机构和100余个所级文献信息机构所组成的、覆盖全国26个省市的全国性文献信息服务网络，依托中国科学院，为全国科研人员和科研机构提供文献信息保障。同时，中国科学院文献情报系统积极参与地方文献信息服务体系建设，也是地方省市的科技图书馆，成为地方科技信息服务平台的核心组成部分，如甘肃省科技图书馆、湖北省科技图书馆等。

2001—2006年，在中国科学院知识创新工程的支持下，通过组织实施“国家科学数字图书馆项目（CSDL）”，以项目牵引、联合共建方式，在中国科学院体系内初步建立了以数字资源为主的全院文献资源联合保障体系，基本形成了基于网络的全院集成服务与联合服务体系，有效提高了全院文献信息保障能力，实现了从传统图书馆向现代数字化网络化文献信息服务机构的转变。

为了充分发挥整合资源和服务的优势，2006年，在国家知识创新试点工程建设支持下，中国科学院整合院级文献情报中心，成立中国科学院国家科学图书馆，总馆设在北京，下设兰州、成都、武汉法人分馆，并依托若干研究所建立特色分馆。2006年初，在中国科学院领导的指导下，中国科学院国家科学图书馆全面实施改革，初步完成组织建设和业务整合，组织和落实了一系列面向科研一线的服务创新措施，积极推动文献服务模式的转变，提升研究所一线服务能力。

（一）实施资源整合建设，整体提高文献保障率

2006年，科学院文献情报系统加大了外部资源利用渠道的建设，通过与国防科技信息中心合作，建立起流畅、方便的“国防科技信息服务系统”，使得院内55个研究所能在本地检索获取国防科技文献。加强全院文献传递与馆际互借服务工作，100%覆盖全院研究所，个人注册用户已经达到3952人。2006年9月起，在全国首家统一实行每周7天、响应速度24小时的文献传递服务。

通过文献资源的集成化建设，明显提升了中国科学院各个研究所文献保障能力，初步满足了科研人员广泛的电子资源文献浏览和文献获取需求。2006年全院全文下载数量达到1700万篇，二次文献检索320万次，研究所平均外文期刊保障文献达到4000余种，文献传递快速服务覆盖外文期刊数量达到23 000种。

（二）实施学科馆员服务机制，创新文献信息服务模式

为了加强面向研究所一线的信息服务能力，2006年国家科学图书馆专门设置了40个学科馆员岗位，在总分馆招聘组建了33位具有自然科学或技术学科背景、硕士以上学位的学科馆员队伍，按照“责任到所、服务到所、考核到所”的要求，为每个研究所配备专门的学科馆员，深入研究所进行需求分析和服务组织，开展咨询、培训、专题服务等，及时了解和解决用户问题，并通过学科馆员将用户问题带回到全馆资源与服务建设的各个环节，推动图书馆服务的创新发展。

从2006年9月开始，正式在各个研究所成立“国家科学图书馆学科化信息服务站”，实行学科馆员在研究所的公开挂牌服务，并与研究所指定的图书馆员结成团队，保证研究用户随时随地获得服务。为了推动这项工作，馆领导与学科馆员一起深入全院108个研究所，现场调查了解用户需求，开展培训和咨询服务，推荐

学科馆员，受到了所领导和广大用户的热烈欢迎。目前，已与108个研究所建立了联系，共有77个所启动了学科化服务，已经在65个研究所建立了“学科化信息服务站”。及时针对研究所特殊情况组织专门的服务，例如为合肥物质研究院图书馆建立集成信息服务平台，为宁波材料技术与工程研究所设计所级信息服务平台。还特别注意对新建研究所的信息支撑工作，积极组织调动全院资源为它们提供及时信息服务。

（三）建设集成服务平台，提升整体服务能力

2006年，国家科学图书馆一方面整合全馆信息系统开发服务力量，通过信息系统工作协调组来规划组织全馆信息系统开发服务，另一方面提出以用户为中心、以提升一线服务能力为抓手、以全院用户服务效果为评价，全馆统一组织，转变信息技术开发的着眼点和重点，建立以用户为中心的使用流程，整合资源体系，支撑业务创新，切实通过信息技术提高用户检索和获取信息的能力。

支持用户在自己的工作环境方便地检索获取文献信息，开发了“个人桌面信息工具”，使用户在浏览网页、编辑文件、邮件交流等过程中，能随时划词选择所关心的主题、数据或问题，马上自动接入到国家科学图书馆的集成服务系统中，并根据用户特征和流程需要链接相应的服务功能。与Google合作，将全国外文期刊联合目录和全院图书联合目录与Google Scholar连接，使用户通过Google Scholar的检索结果可直接查询图书或期刊的收藏馆，提高资源利用率。国家科学图书馆还积极地与百度、CSA、ISI－WoK等合作，打造无缝链接的服务环境。

针对多个分散的服务系统不能支持用户对多个系统的集成使用的情况，2006年国家科学图书馆建立了基于OpenURL标准的集成服务体系，将原有的跨库集成检索、数据库文献下载、原文传

递、参考咨询等服务无缝链接起来，实现了用户从资源发现、文献下载、传递服务到咨询问答等的切合自己需要的流畅、统一的使用流程。同时，根据用户所在单位及其资源订购情况，在跨库检索和期刊集成目录中嵌入了情景敏感服务，采用信号灯方式，能够在院内外各种资源集成揭示的情况下，自动根据用户权限，接入相应的全文下载（绿灯）、电子版原文快速传递（蓝灯）、印本原文传递（紫灯）和第三方印本原文传递（黄灯）。另外，还根据用户任务目标和行为习惯，按照“找书、找文章、找期刊、找网络数据库、找 Web 资源、找特殊资源、问图书馆员”的服务需求来改造国家科学图书馆服务网站，通过开放接口实现底层资源的集成和对数据资源的集中揭示。

强化研究生信息服务，在研究生院的支持下为研究生开设科技文献检索与利用课程，并已纳入中国科学院研究生院学分课程体系。国内率先引入国外 Information Commons 信息共享服务模式，在总馆建立研究生信息交流学习区，集书刊阅览、资料检索、网络应用、互动交流与学习休闲于一体，创造一个活跃、交互的学习空间，受到研究生欢迎。

三、发挥专业学会组织优势，构建专业图书馆机构的交流平台

中国图书馆学会专业图书馆分会是重要的专业图书馆联盟组织，是依照中国图书馆学会章程而成立的全国性的、公益性的学术性群众团体，是经民政部核准注册登记的国家二级学会，由全国专业系统图书馆及行业信息（情报）机构的信息工作者自愿结合而组成，是发展我国图书情报事业的重要社会力量。专业图书馆分会具有跨系统、跨专业、跨地区的特点，现有团体会员单位

280个，均来自国务院所属各部、委（局、办）、中央直属单位、各军、兵种总部和科研系统的图书、情报机构。为了拓展专业图书馆学会的影响，2006年分别在北京和广州成立了中央国家机关工作部和华南工作委员会。通过工作部的成立，延伸了专业图书馆学会工作范围，更加便捷地促进了各行业成员间的广泛深入交流。

2006年，专业图书馆分会在中国图书馆学会的领导下，以前沿性、实践性、针对性强为特色，通过一系列的学术交流、专业教育和组织壮大活动，提升和壮大了分会的社会影响力、凝聚力，逐渐成为专业图书馆系统学术交流主渠道、教育培训主力军。

2006年的学术活动以学术年会、专题研讨会和学术讲座3种形式展开。学术讲座以介绍图书馆事业新发展、业务新趋势为主，组织会员单位结合工作实践，交流研究进展和思考；专题研讨会以交流探讨专业图书馆业务热点、焦点实践为主，讨论专业图书馆服务的前沿问题，开阔视野，启发思维。学术年会以促进会员单位间的沟通学习、展示专业图书馆前沿研究与实践应用成果为主，全面交流专业图书馆创新工作的实践。三者互为补充，各有侧重。2006年6月10—14日在四川成都召开了2006年学术年会，来自全国各地、各系统的200多名图书馆同仁参加了会议，年会主题是“国家创新体系中专业图书馆的服务与发展”，通过专家论坛、专题访谈、服务探索专题论坛、企业论坛、工具论坛、论文宣讲和观点论坛多个板块，分别就各主要系统专业图书馆的中长期规划、服务创新战略、目前正在开展的研究项目、图书馆为企业自主创新提供服务等问题展开了深入的讨论。

专业图书馆分会的培训工作经历了二十五年的发展历史，在业内享有良好的声誉。分会依托国家科学图书馆及会员单位的资源优势和人才优势，以“师资一流、内容前瞻、针对性强、实践性强”为特色，吸引了众多高校及专业系统的图书馆员参加。

2006 年，共举办培训班 13 个，其中"第 25 期图书情报工作岗位培训班"、"第 15 期图书情报工作高级研究班（主题：战略情报研究的技术方法）"、"图书馆学科化服务培训班"、"复合图书馆的数字资源建设培训班"、"网络环境下图书馆的参考咨询工作"等内容受到业内人士的欢迎，共有 387 名来自专业图书馆机构的图书馆员参加了培训。

四、专业图书馆机构发展面临的问题和挑战

面对信息化社会的发展，科研用户的信息需求和信息行为都发生了实质性的变化，表现在科研机构的科学研究活动逐步实现信息化，科研人员将在一个数字化环境中组织科研，收集科研信息，开展协同研究，并以数字化形式发布科研成果。在数字化环境中，研究人员的信息行为正发生转变，数字化、网络化的信息获取和使用成为科研信息流通的基本特征，参与科研过程的信息利用和信息共享是科研信息利用的发展趋势。为了应对用户环境的变化，2006 年，全国各主要专业图书馆机构在服务模式转型、深化图书馆服务等方面进行了有益的探索以迎接挑战。

（一）积极应对数字化文献信息服务模式转型

文献信息服务模式的数字化转型已经成为发展的必然趋势。专业图书馆需要建立支撑数字化环境中开展科研活动的文献信息需求机制，积极应对文献资源数字化的挑战。要建立电子资源和印本文献相结合的文献资源体系；组织电子资源共建共享联盟，在联盟内部实现资源的共建共享；建立专业图书馆机构的服务联合机制，加强文献传递服务能力建设，加大各个专业图书馆机关的外部资源利用能力建设。

加强专业图书馆的服务系统建设，深化集成服务机制，从方便用户利用角度改造现有服务系统功能结构和操作机制，按照用户需求组织文献信息服务系统，按照用户利用流程、数据关系和使用情景，将身份认证、集成检索、集成浏览、馆际互借、参考咨询、扩展检索等服务无缝连接起来，支持用户无论从任何服务接入都能够一次认证、一次输入、一个工作流程、一个逻辑系统地完成所需要的各种服务。

（二）组织专题信息和情报研究服务，深化服务内涵

随着科研信息需求的变化和发展，深度信息服务和专题情报调研将成为科研人员的普遍需求。专业图书馆机构需要采取措施，积极应对。中国科学院、中国医科院、中国农科院图书馆等进行了积极尝试，建立了学科馆员服务队伍，在宣传文献信息资源和服务的基础上，将文献信息服务推向科研一线，进而融入科研过程，参与到科研环节开展有效的文献信息服务。

专业图书馆机构需要依据服务对象的现实要求，结合科研活动的目标，组织专题文献信息服务。具体包括：科研文献信息的专题推送服务、科研信息的报道服务、科研文献的分析服务、科研信息和数据的服务。专业图书馆机构还需要结合科研活动和科研决策的需要，组织专门力量开展情报研究服务，进一步提高研究服务的层次和水平。结合专题信息需求开展专题情报调研，结合科研决策需要开展学科领域发展战略情报调研，结合科研管理需要开展政策调研。具体形式包括：学科领域发展动态调研、学科发展专题综述、学科领域发展态势研究、学科发展政策研究、科研管理情报调研等。

（三）总结专业图书馆机构管理实践，提高管理效率

随着专业图书馆机构的服务模式转型和服务内涵深化，专业

图书馆的管理问题将是面临的最大矛盾之一。图书馆服务模式转型——组织建立新型数字化条件下专业图书馆机构的业务管理流程，突破原有的图书馆业务流程，提出新型业务组织和管理的模式，是专业图书馆实现突破发展的瓶颈。同时，图书馆服务内涵的深化，对图书馆管理的标准化也提出了新的挑战，需要在图书馆内部建立网络化矩阵式的资源调配机制，建立专业图书馆内部和专业图书馆机构之间的协同工作机制。

分报告五：其他系统图书馆

党校图书馆

2006年是我国“十一五”规划的开局之年，党校系统图书馆在各级党校的领导下，在中央党校图书馆和全国党校文献信息学会的指导下，遵照全国党校文献信息学会的宗旨和任务要求，坚持科学发展观，与时俱进，勤奋工作，取得了较大的成绩。

一、加强全国党校文献信息学会自身建设，大力促进党校系统图书馆的建设与发展

党校系统图书馆通过全国党校文献信息学会在系统内发展省级、副省级党校图书馆为会员馆而开展活动。全国党校文献信息学会自1987年成立以来，始终坚持“百花齐放，百家争鸣”、“求实、创新、协作、奉献”的办会宗旨，充分发挥学会的作用，逐步形成党校系统图书馆的整体优势，为党校系统图书馆的建设与发展作出了贡献。

依据全国党校文献信息学会章程，全国党校文献信息学会于2005年11月按期换届改选。第五届理事会、常务理事会、秘书处及下设的组织委员会、学术委员会、教育培训委员会、现代技术委员会和信息资源建设委员会工作正式启动。全国党校文献信息学会机构健全，为全国党校系统图书馆发挥整体优势、全面展开活动提供了坚实的组织保障体系。

随着全国党校文献信息学会各项工作的蓬勃开展，全国党校

文献信息学会队伍也在不断地壮大和加强。48 个省级、副省级党校图书馆作为成员馆一方面在全国党校文献信息学会的指导下，围绕中心工作，支持和协助全国党校文献信息学会开展活动，另一方面又纵向发展各市级、县级党校图书馆为分会会员，并相应地成立理事会、常务理事会和秘书处。认真组织各省党校系统图书馆工作会议，主动开展具有各地特色的学术交流、人员培训等活动。

全国党校文献信息学会（简称学会）通过各省党校会员馆的工作进一步将自己的中心工作和各项活动进行得有声有色，不断走向深入，不断取得优异成绩。

二、充分发挥全国党校文献信息学会的作用，积极主动地开展活动

全国党校文献信息学会的一大特点就是依据自身的专业优势，在党校系统图书馆中积极组织和开展人员培训、学术交流等活动，努力促进图书馆的建设与发展。

1. 发挥培训功能，增强业务工作能力

目前，党校系统图书馆已拥有一批具有掌握现代化服务手段，具有开发利用信息的能力，服务意识较强的中坚力量，但是由于东西部、南北方经济发展不平衡，导致党校系统图书馆的发展也不平衡。尤其是经济不发达地区的图书馆在计算机应用、网络技术等方面都非常缺乏人才和技术。全国党校文献信息学会教育培训委员会就此在中央党校办公厅的协助下，为经济不发达的西部地区图书馆专业人员提供了免费的进修学习与培训。2006 年为甘肃省党校图书馆、陕西省党校图书馆、青海省党校图书馆、新疆地区党校图书馆提供图书馆业务培训、网络技术培训、计算机应用技能培训 7 人次。

为加强党校系统图书馆队伍建设，各会员馆也相继开展了多

种形式的培训活动。首先，以形式多样的培训班为基础，对从业人员进行基础业务知识和技能的培训和考核，截止到2006年底，绝大多数工作人员经过各类培训后上岗。这样的培训效果使党校系统图书馆的业务工作的顺利开展得到了强有力的保证。其次，随着信息革命的迅猛发展，计算机技术、网络技术成为图书馆工作的主要组成部分。新的工作要求促使学习与培训工作成为当务之急。各会员馆及时地注意到这一需求，高度重视业务知识、技术手段的培训工作。多是采取了“请进来、送出去”的形式，大力开展培训活动，使党校系统图书馆队伍建设质量有了大幅度提高。大部分会员馆都能够拿出一定的经费，积极参加各类图书馆界的培训活动，或请专家讲课，或派人外出学习，或馆际交流，或技术演示等，形式不限，收效很大。

2. 开展学术研究活动，提高科研能力

学会存在的基础是它的学术属性，开展学术活动是发挥学会作用的主要手段。党校系统图书馆历年来以各级、各类学会为平台，积极倡导、加强组织、大力鼓励开展学术研究活动，参加学术报告会、撰写学术论文、坚持每两年举行一次学术论文评选活动。会员馆大力支持，积极参与，并取得了良好的成绩。广东省分会推荐的两篇论文获2006年中国图书馆学会学术年会论文一等奖，一篇论文获三等奖；浙江省分会承办的“华东地区党校系统第八次文献情报工作研讨会”论文集《二十一世纪党校图书馆现代化建设》已正式出版；天津市分会承担国家社科基金项目《党政干部信息资源综论》已正式出版；甘肃省分会在组织会员参加中国图书馆学会和甘肃省图书馆学会的征文活动中，由于组织得力，成绩突出，被组织者授予“优秀组织奖”。党校系统图书馆在2006年度论文评奖活动中，经会员馆推荐参评科研成果共152项，经专家审议，评出一等奖21项，二等奖59项，三等奖72项，由全国党校文献信息学会给予表彰。

三、以数字资源建设为主线，推动党校系统图书馆的全面发展

2000 年 11 月，党校系统图书馆在海南省召开了全国党校图书馆工作会议暨数字图书馆建设会议，拉开了全国党校数字图书馆建设的序幕。2002 年 8 月，在新疆召开了全国党校数字图书馆资源建设研讨会，专题研究如何推进全国党校系统图书馆的数字资源建设问题。2005 年 11 月，在湖南召开了全国党校数字图书馆建设工作会议，会议主题为：以邓小平理论和“三个代表”重要思想为指导，认真学习贯彻党的十六届五中全会精神，总结党校数字图书馆建设经验，按照科学发展观的要求，加快党校数字图书馆建设步伐。

1. 数字化建设评估工作

自 2000 年海南会议之后，党校系统图书馆数字化建设工作全面启动，经过几年的努力已形成一定规模。为了总结和检查数字化建设的成绩与经验，进一步明确努力方向和建设任务，中央党校图书馆和全国党校文献信息学会决定对全国省级、副省级党校图书馆进行数字化建设工作评估。由中央党校办公厅下发了中校字［2004］79 号文件，部署了党校系统图书馆的评估工作。

接到中央党校办公厅［2004］79 号文件之后，各省（区）、市委党校高度重视，层层落实。在充分认识到评估工作重要性和必要性的同时，各校均组成了由主管校长为组长的评估工作领导小组，制定切实可行的工作方案，积极着手开展工作。评估工作用一年左右的时间，分为准备阶段、自查自评阶段、互查互评阶段、总结阶段 4 个阶段进行。

2005 年 9 月，在中央党校召开了全国党校文献信息学会常务理事扩大会，审议和确认了参加评估的 47 家党校图书馆的评估成绩。达标的图书馆 36 家，占参评馆的 77%；基本达标的图书馆 9 家，占参评馆的 19%。经过认真评选，有 10 家图书馆被评为优

秀，占参评馆的21%。

评估工作对党校系统图书馆的建设与发展产生了巨大的推动作用。首先，评估工作强化了各级党校领导对图书馆是文献信息中心、是党校信息化的重要基地的认识和理解，图书馆自动化网络化建设得到了校领导的有力支持。全国省级、副省级党校在资金投入上加大了力度，自2000年海南会议以来，数字化建设总投入超过了1.1亿万元，在队伍建设、技术人员配备上也有了改观，现有技术人员达到112名，占全部专业人员的14.7%，为党校系统图书馆数字化建设打下了良好的基础。其次，评估工作推动了党校系统图书馆的全面发展。（1）图书馆现代化建设有了长足的发展。截止到2006年，94%的图书馆建有局域网，并与校园网及互联网连接，各馆均有电子阅览室，工作用机基本保证；85%的图书馆建立了网站，并有自己的网页、域名；87%的图书馆采用集成管理系统，采用较为普及的全文检索系统用于自建特色数据库管理系统，为图书馆数字化建设搭建了必要的平台。（2）数字资源初具规模。党校系统图书馆历来重视资源建设，尤其是近年来数字资源建设已成为图书馆发展阶段中的重中之重。在继续做好图书馆基础业务工作的同时，逐步构建具有党校特色的文献保障体系。截止到2006年，有85%的图书馆为校园网提供5个以上的全文数据库，91%的图书馆已经建立了馆藏中文书刊机读目录数据库，79%的图书馆建有省情、市情数据库，64%的图书馆建有“党校文库”，87%的图书馆建有结合本地政治、经济、社会发展实际的多种专题数据库。这些数据库的建立和使用在党校教育事业和干部培训工作中发挥着不可替代的重要作用。

2. 着力建立数字资源共建共享机制

党中央提出大规模培训干部、大幅度提高干部素质的战略任务。形势与任务迫切要求党校实现教育培训手段的现代化和教学资源的数字化，迫切需要党校图书馆建设丰富的数字资源作为信息支撑。因此，党校系统图书馆数字资源共建共享成为必然的选择。2006 年 5 月，在上海市委党校召开了“全国党校图书馆数字资源共建共享工作会议”，会议主题为：总结党校系统数字图书馆建设经验，加快党校系统数字图书馆建设步伐。这是一个坚持以科学发展观为指导，专门研究党校系统数字资源共建共享的工作，研究和解决数字资源建设相关问题的工作会议，它对党校系统图书馆资源建设起到了积极的推动作用。

会议落实了北京、上海、重庆、广东党校图书馆等 15 家图书馆为首批共建共享示范单位，明确了马克思列宁主义、毛泽东思想、邓小平理论、“三个代表”、科学发展观等首批 15 个数据库的承办单位。会议提出：通过共建，提高党校系统整体优势，发挥规模化集约化效应，将党校的数字资源做大做强，突出党校特色，做出品牌。会议要求：示范单位要发挥组织示范、技术示范、实施示范、运营示范等方面的示范作用，带动整个系统的共建共享工作，从而大量增加党校系统的数字资源。通过示范单位的试点，明确数字资源建设思路和建设模式，为党校图书馆的后续加入积累经验。会议号召：其他党校图书馆要积极创造条件，加大建设力度，争取尽早参加到共建共享的队伍中来。

数字资源建设是一项艰巨且长期的工作任务，党校系统图书馆必须以此为契机，扎实开展数字资源共建共享工作，切实发挥数字资源的效应，真正为领导决策服务，为党校教学科研服务，为干部和党员教育服务，为建设互联网上的马克思主义阵地服务。

3. 切实解决数字资源共建共享的相关问题

上海会议之后，示范单位认真贯彻落实《全国党校图书馆数字资源建设规划（2006—2010）》，遵照《全国党校图书馆数字资源共建共享工作条例（试行）》积极开展工作。但是在数字资源建设过程中，技术规范成为一个共通性的问题。由中央党校图书馆和全国党校文献信息学会技术委员会牵头，用了近半年的时间，拟定了《基本标准与规范（试行）》，并下发至各示范馆讨论执行。2007年，由中央党校图书馆召集示范馆技术人员会议，对党校系统数字资源共建共享中的原则问题进行说明：在数字资源建设标准上，执行《我国数字图书馆建设标准与规范》；在建库平台选择上，权利交由各示范馆自主选择软件；在特色库功能方面，各示范馆要下大力气突出特色。通过对《基本标准与规范》的详细说明，力争使示范馆更加明确党校特色数据库建设的统一要求、技术路线、标准规范和服务功能。《基本标准与规范》是一个具有开拓性、指导性和实践性很强的文件，全国党校文献信息学会将认真组织实施，不断地改进和完善，力争在数字资源建设过程中少走弯路，尽快达到建设目标。

四、今后的长期任务

今后一个时期全国党校文献信息学会的主要任务仍然是以党的十六大和十六届三中、四中、五中、六中全会精神为指导，在党校校委的领导和支持下，努力发挥桥梁作用，推进图书馆事业的全面发展。

1. 进一步加强队伍建设，提高图书馆人员素质

党校系统图书馆现有从业人员1480名，其中专业人员763名；副高级职称以上人员446名，占专业人员的58.5%，占全体人员的30%；大学本科以上文化程度的人员684名，占全体人员的46.3%。这是一批图书馆现代化建设、数字图书馆建设的中坚力量。但是在总体上仍不能适应现代化、数字化建设的要求，专业技术人员尤其是复合型人才严重缺乏，有三分之一的图书馆存在着专业技术力量薄弱、知识结构单一、学历层次偏低等问题。人才紧缺造成一些图书馆在资源建设上不能形成规模，无法体现特色，信息服务缺乏深度和广度。

要构建一支复合型人才队伍，一是需要完善机制，二是应该

发掘潜力。完善机制必须有各种政策的配套动作，是一项不只属于图书馆范围内的工作。但是通过图书馆现有人员的优化配置和岗位培训，则可以充分挖掘潜力，调动其积极性和创造力，培养出一支具有较高信息素养、较强服务意识、具有较大竞争力的复合型人才队伍，从而提升图书馆人员素质和队伍的整体素质，这正是党校系统图书馆事业发展和繁荣的决定性因素。

信息社会对图书馆工作人员的信息素养、技术手段、知识结构、创新能力、管理水平等提出了更高的要求，必须把培养高素质的专业人员队伍作为战略目标，抓紧抓好。

2. 加大经费投入，确保图书馆正常发展

要保证图书馆的正常发展，进一步跟上数字图书馆的发展步伐，必须要有一定的经费投入。各省级党校图书馆的经费投入存在着明显的不平衡。年投入经费在 50 万元以上，甚至可达到数百万元的省级党校图书馆，主要分布在华东、中南地区，而年投入在 25 万元以下的图书馆，主要集中在西北地区。经费投入过低严重影响到图书馆的正常发展。

根据党校图书馆工作条例并参照高校图书馆建设要求，党校系统图书馆在经费投入上的差距还相当大。因此，一方面要用有限的经费，妥善地处理好印刷文本、电子资源、现代化设施购置经费的比例关系，保证图书馆业务正常开展；另一方面要多方面争取资金投入，千方百计抓建设，求发展。

3. 进一步加强资源建设，推动服务工作再上新的台阶

党校系统图书馆的资源建设工作已经取得了一些成绩。大部分图书馆已经完成了数字化的起步阶段，进入了数字资源的网络化应用阶段。这些成绩的取得正是图书馆工作人员不断创新理念、增强服务意识、爱岗敬业、勤奋工作所取得的成果。面对党校教育的新形势、新要求、新任务，图书馆如何深化和开拓读者服务的新思路、新举措，使图书馆最大限度地发挥作用，应当引起深

思。在信息革命飞速发展的今天，图书馆要生存更要发展。因此，在开发丰富的馆藏资源的同时，重视读者服务工作，继续探索新的服务方式，注重信息资源建设突出特点、集中优势、形成可持续发展的态势，在党校系统逐步形成一个功能强大的、具有海量信息储备的虚拟图书馆，全方位地满足不同层次读者的需求。

团校图书馆

中国图书馆学会团校图书馆委员分会是中国图书馆学会的分支机构之一，2006 年克服困难，积极工作，促进本系统图书馆的建设和各项工作的开展，为大力开展本系统图书馆学理论与实践的学术研究努力，并继续推动图书馆专业的继续教育和组织发展等工作。

一、年度基本情况

团校图书馆委员分会主要由北京青年政治学院、河北青年管理干部学院等全国近 30 所省、自治区和地、市级青年干部院校图书馆所组成。中国青年政治学院是共青团中央所属的普通高等学校，其图书馆是中国图书馆学会理事单位、团校图书馆委员分会的牵头单位。该图书馆馆舍面积 6894 平方米，阅览座位总量 1041 个。现有馆藏图书 54.36 万册，此外还有 11 万册电子图书供读者网上使用。现生均图书量为 138.2 册，生均年进书量为 7.6 册。2006 年，读者日流量平均 3217 人次。此外，几个有代表性的馆是：北京青年政治学院图书馆，现共有馆舍面积 2440 平方米，阅览座位 612 个，周开放时间 82 小时；广东青年干部学院图书馆，馆舍面积约 1000 平方米，阅览座位 120 个，现有中外文图书 10 万余册，报刊资料 500 多种，音像资料 600 多件；江苏青年管理干部学院图书馆，藏书10万册，电子阅览室百兆宽带上网；山东省青年管理干部学院图书馆，藏纸质图书74万册，电子图书30万册，纸质中外文期刊1400余种，电子期刊3600余种，建有现代化校园计算机信息网络系统。

二、年度基本发展特点

1. 人性化图书馆服务建设稳步发展

近年来，各馆加强图书馆人性化服务建设。中国青年政治学院图书馆形成了多渠道、分层次、高效率、人性化的服务：建立了全开架、长开放的服务机制，文献外借区实行藏、检、借、阅、网、管一体化的服务，文献开架率达100%；图书馆每天开馆时间为7:30至22:30，每周开放达105小时；业务管理及服务能提供网上多层次、全天候查询检索阅览服务，包括纸质图书、电子图书的书目查询，网上新书推荐、教师指定参考书查询，图书预约、续借、催还等互动性服务；在校园网上建成可全天24小时检索阅读的电子图书馆，实行实体图书馆与虚拟图书馆相结合的管理模式；作为中国高等教育文献保障系统（CALIS）成员馆，广泛建立与国内及周边高校图书馆间的馆际互借关系，实现文献资源的共建共享；不断提高服务意识和水平，积极实行“优质服务”，开展读者调查、服务质量评价、设置读者意见箱和推荐图书等活动。先进的管理与服务手段，有效促进了图书馆工作质量和服务水平的不断提高。2003—2005年，各文献阅览室共接待读者59.89万人次。2006年6月1—30日，入馆人数达9.65万人次，读者日流量平均3217人次，日最高峰达4320人次。馆藏图书学生外借总量为357 456册，平均年生均外借33册。报刊阅览室2003年全年读者利用量60 806人次，2005年增长到114 964人次。电子文献的点击率不断上升，主页访问量日均846人次，2006年4月间，最高日访问量达2030人次，利用电子文献已成为全校师生教学科研生活中的必需。

2. 图书馆数字化建设逐步推进

团校图书馆委员分会基于整个团校系统图书馆现代化建设滞后的特点，决定以中国青年政治学院图书馆为突破口，进行现代化图书馆的建设，以带动整个团校系统图书馆的发展。借鉴国内外先进图书馆的模式，将现代化图书馆建设的内涵具体化为“开放式、数字化、研究型、多功能一体化”4个方面。在开放型图书馆建设方面，对原有的封闭式借阅分离的建筑结构提出了改造方案，工程目前已经竣工。该工程在利用原有书库的基础上，接建了新的阅览室，与书库开放式对接，从而实现了全开架式借阅模式，并在第一阶段侧重于开放式图书馆和数字化图书馆的建设。近年来，分别申请到了各类专项经费，购置了一批电子文献，涵盖国内主要的人文社会科学方面的学术数据库以及主要的电子书，以及少量外文数据库，并建成了新的电子阅览室，充实更换了上百台工作和服务用微机。同时组织多批图书馆工作人员参加深圳大学“图书馆数字化建设现场会”等各种类型的图书馆专项业务工作研讨会，在学习中寻找差距，力求加快数字化图书馆建设的步伐。此后，以“数字化”建设为契机，重点抓好“三个转变”、“一个核心理念”的实施。所谓“三个转变”，第一是从“以外延式发展为主转变到以内涵式发展为主”，进一步加强资源特别是电子资源建设，进一步加强西文资源建设，进一步加强资源网络及服务建设；第二是从“以被动性的服务为主转变到以主动性服务为主”，改变以往常规性、基础性的传统服务为更多的推荐性、针对性的主动服务；第三是从“以学生服务为中心转变到以教师和学生服务为中心”，变以日常学习需要为主为学习型、探讨型、研究型、科研型兼有的服务。所谓“一个核心理念”即通过图书馆的工作，起到进一步全面推荐促进知识的有效利用的作用。

河北青年管理干部学院图书馆在学校领导的关心支持下，在全馆人员的共同努力下，图书馆在更新办馆理念、完善机构设置、加快硬件建设、改进服务态度、提高服务质量等方面，均有了较大进步。近年来，在保持传统文献建设的同时，正向自动化、数字化方向迈进。2006 年建立了数字图书系统，购进了电子图书，引进了图书馆自动化集成管理系统，实现了馆藏资源的数字化、网络化，为本院师生更好地利用馆藏资源提供了便利，实现图书馆工作由单纯的图书资料借还型向综合的信息资源服务型转变。江苏青年管理干部学院图书馆藏书 10 万册，专业书籍丰富，图书检索流通均为自动化，电子阅览室百兆宽带上网。山东省青年管理干部学院图书馆有电子期刊 3600 余种，建成了现代化校园计算机信息网络系统。

3. 学术研讨交流工作积极深入

为向研究型图书馆提升，委员分会积极组织系统内成员馆的馆员参加中国图书馆学会举办的学术年会、业务培训班，并积极在本系统发展中国图书馆学会会员。现已举办了三届的“中国图书馆学会青年学术研讨会”本委员分会次次积极参与，并借此推动本系统图书馆青年馆员的专业交流学习。在中国图书馆学会第三届青年学术研讨会举办后，中国青年政治学院图书馆为此次研讨会专门组织馆内年轻馆员召开座谈会，围绕专业工作议题展开讨论，并畅谈了在图书馆工作的感受。座谈会上，在中国图书馆学会第三届青年学术研讨会征文比赛中获得三等奖的刘晶同志对自己的论文作了详细的介绍。他以自己的本职工作为例，认为图书馆近年来工作内容逐渐丰富，服务逐步到位，读者的满意度也逐步提高。大家积极发言，肯定了图书馆的工作，对图书馆未来的工作提出了看法和建议，同时希望有更多与其他图书馆交流的机会，开阔眼界。

在多届中国图书馆学会举办的学术年会中本委员会共提供了 8 篇论文，其中提交的《图书馆人员群体结构的合理配置——以中国青年政治学院为例》一文被收入大会正式出版的论文集，此文后来陆续被多家刊物转载。在申报图书馆学方面的科研项目方面，已分别获得“文献运用与科研状况的关联研究”、“图书馆读者服务与文献信息资源合理配置的研究”等多项科研项目。其成果有《创造性思维在图书馆读者服务工作中应用》、《青少年研究数据库的建设与实践》、《对图书馆读者主体化的认识》、《基于课程设置的文献信息资源配置》等。上述论文的研究工作，对图书馆文献信息资源合理配制和读者服务工作中存在的问题有了一定分析和探讨，对有效加强图书馆资源建设，提高图书馆读者服务工作具有一定的实际意义。

为了加强系统各馆之间的联系，委员分会组织了部分省团校图书馆赴云南、四川、上海、武汉等地参加全国书市。为了更好更快地提升本系统图书馆的工作水平，积极主动参与图书馆界高校系统各方面重要的会议与活动。开展多种多样的学术交流、科普文化宣传、培训读者等活动，是团校委员分会发挥学术团体和行业服务的双重职能的重要工作。

三、工作问题及前景规划

2006年团校系统图书馆工作仍有许多需要进一步沟通合作的内容，需要根据本系统图书馆的工作特点和发展前景作好规划。在新的工作计划中，将进一步加强本系统委员会的工作，重点开展的工作有：第一，组织管理工作。开展本系统成员馆的摸底统计，继续发展新成员，创造条件筹备本系统工作会议。第二，学术活动工作。积极组织和参加各类型的图书馆专业学术研讨、交流、走访和信息沟通等活动。第三，科普文化宣传工作。借助各方面力量进一步开展科普文化宣传教育工作。第四，落实中国图书馆学会新一年的工作计划。团校委员分会将根据本系统特点，学习同行经验，主动贯彻参与中国图书馆学会的各方面工作。今后还将继续采用这种方式以及其他方式来促进团校系统图书馆的整体发展。

军队院校图书馆

2006年，军队院校图书馆以学习贯彻《中国人民解放军院校图书馆工作条例》、《中国人民解放军院校图书馆工作规范》和《中国人民解放军院校图书馆评估实施办法》为中心，以加强数字图书馆的理论研究和特色信息资源建设为重点，克服困难，积极工作，促进了全军院校图书馆的建设和各项工作的开展，取得了较好的成效。

一、年度基本统计数据

图书馆数量94所，建筑面积48.9万平方米，从业人员，有各类工作人员2100人，文献藏量3910万册（件），借阅流通量712万册件，网上访问图书馆信息资源千万人次，到馆读者量1012万人次。

二、年度基本发展及特点分析

1. 数字图书馆建设工程稳步发展

2006年，军队院校图书馆本着“注重特色、注重服务、注重标准规范统一”的原则，大力加强特色信息资源特别是重点学科文献信息的数字化。到2005年年底，总部机关批准立项的重点建设项目已达24个。这些项目大多坚持了更新维护，不断充实新的内容，增强其应用活力。

对2006年申请总部批准重点建设立项的“中国军事图书总库”、“军队院校学术论文集成服务系统”、“军事知识元管理服务系统”、“在线工具书集成服务系统”等8个项目，由军队院校图书馆委员会组织专家逐项进行了认真的研究论证，为总部机关决策提供了咨询意见。

为加强数字图书馆的标准规范体系建设，军队院校图书馆委员会于2006年10月13—14日在炮兵指挥学院召开“数字图书馆标准规范体系建设研讨会”，会议提出了“一个框架”（军队院校数字图书馆标准规范建设总体框架体系）、“五个标准”（数字对象唯一标识符、数字信息长期保存标准、元数据的规范与标准化、分布式联合虚拟参考咨询技术规范和互操作协议）的建设任务。

海军院校图书馆2006年度工作会议在海司军训部的主持下，于8月2—3日在青岛海军潜艇学院召开。会议演示汇报了海军院校数字图书馆系统集成和资源整合的阶段性成果，总结交流了海军院校数字图书馆建设的主要经验和做法，讨论制定了进一步完善提高海军联合数字图书馆系统整体功能的措施。

空司军训部于2006年8月18日在空军第十三飞行学院主持召开了“空军飞行学院数字信息资源系统”建设方案评审会，邀请有关单位的专家对方案进行了评审并一致通过了该方案。

总后系统邀请专家并组织所属部分图书馆馆长对军事后勤数字图书馆建设方案进一步研究论证，并落实了任务分工，建设成果显著。

第二炮兵司令部军训部组织二炮各院校图书馆拟制“第二炮兵联合数字图书馆建设方案”，并组织多次研究，即将提供专家论证。

2. 学术研讨和技术研发工作积极深入

为活跃全军院校图书馆理论研究，推进图书馆学术和经验交流，军队院校图书馆委员会组织召开了两次大型学术研讨会。一是“全军院校图书馆信息素质教育研讨会”于7月18—21日在桂林空军学院召开，来自全军、武警院校图书馆馆长、文献检索教学组长和业务骨干共69人参加了会议。研讨会共收到论文82篇、参评课件13部。二是“全军院校图书馆信息和知识服务研讨会”于11月9—10日在重庆第三军医大学召开。全军院校图书馆馆长和业务骨干80人参加，收到征文来稿161篇。这两次研讨会都得到了总部机关和承办院校首长、机关及图书馆的大力支持。总参军训和兵种部训保局田洪彦副局长亲临桂林会议并作了指示，周毅参谋参加了两次会议的全过程并讲了话。

组织了图书馆自动化管理系统升级开发。在2005年组织专家论证的基础上，2006年按照分工，由南京政治学院上海分院军事信息管理系牵头，组织军队院校图书馆6名同志，分头进行图书馆自动化管理系统8个模块的升级开发。该系统的目标功能除覆盖图书馆全部业务工作外，还能实现业务管理系统与数字图书馆应用技术平台的无缝连接，保证现有图书馆管理系统的数据完整无损地连接到数字图书馆平台上，实现统一管理和检索利用。

组织编写了信息素质教育大纲。在组织军队院校图书馆信息素质教育研讨和优秀课件观摩、评选的基础上，组织部分专家进行认真准备，并于2006年12月21日在南京政治学院上海分院召开了“军队院校图书馆信息素质教育大纲和教材编写研讨会”，研究了大纲和教材编写的框架、内容和要求，初步落实了编写计划。

为满足数字图书馆建设和信息服务的需要，数字图书馆应用技术平台的开发不断向深度发展，正在开发资源整合、跨库检索、身份认证等信息服务系统，以提高数字图书馆的信息服务功能。

3. 四所院校图书馆的试点性评估良好

按照总参军训和兵种部《关于组织军队院校图书馆试点评估》的通知精神，依据《中国人民解放军院校图书馆评估实施办法》，军队院校图书馆委员会组织评估组在训保局领导和主管参谋的带领下，于2006年11月5日、7日、15日、16日，先后对西安政治学院、后勤工程学院、装备指挥技术学院、空军指挥学院等4所院校图书馆进行了试点性评估。从这次试点评估的实践经验来看，院校领导重视是关键，搞好自评是基础，总部评估组主要是做检查、测评、验收工作，主要目的在于“以评促建”。总部机关主管部门已将7所院校图书馆试点评估的情况通报全军各大单位和院校。

4. 各地区、各系统立体协作活动开展活跃

各地区专业组积极开展地区图书馆协作，相继召开专业组会议，认真传达贯彻军队院校图书馆委员会第十八次会议精神，研究安排本地区协作工作活动，西安、长沙两地区坚持几年来的做法，2006年5月29日—6月1日在长沙再次召开联组会，进一步加强了地区间的联系和交流。北京、武汉、石家庄等地区积极推动协作区文献信息资源的共建共享，满足了兄弟院校图书馆的资源需求，提高图书馆文献信息的服务保障能力，在协作区各成员馆的读者中获得了较好的评价与反映。武汉协作区于2006年7月11日在军事经济学院图书馆举办了第十届图书情报学术论文评选暨学术交流活动，协作区10位馆长参加了会议。南京地区协作组于2006年10月20—21日在杭州武警指挥学院召开工作经验交流会暨年会，协作区18位馆长参加会议。会议主要围绕军队院校图书馆评估、信息服务、文职人员的聘用和管理、新馆舍建设等问题进行了研讨和交流。郑州协作区和合肥、蚌埠地区院校图书馆馆长到南京、广州等地区学习图书馆迎接评估的经验。石家庄协作组组织各成员馆馆长、副馆长一行7人赴北京协作区进行学习交流。长春协作区各图书馆加强了馆与馆之间的交流与合作，针对协作组地域分布广，较分散的实际情况，馆长们每个季度通过电话沟通一次，并形成制度，相互通报、交流工作中的经验、做法、体会。青岛地区各图书馆的信息服务工作主要围绕完善基础服务，发展信息服务和创新知识服务三方面开展工作，受到了用户好评。西安地区组织已退休或不在领导岗位的17位老馆长在重阳节聚会，

共叙图书馆情愫，使老同志深受感动。石家庄协作组采取了联合培训的方式，挑选协作区内技术最好的业务骨干给各馆新聘文员上门当“教员”，手把手地教，有问题当场解决，收到了很好的效果。重庆地区本着公平、公开、公正的原则，充分发挥党支部的集体领导作用，对应聘文职人员进行了全面的考察和考核，基本上招进了图书馆需要的人才。各地区还积极办好信息交流刊物，如北京地区的《图书馆信息交流》、西安地区的《西安军校图书馆通讯》等都办得很有特色。今年各地区专业组工作总结非常认真，既总结了专业组的协作工作，又较好地反映了本地区各图书馆建设和工作的情况，提出了 2007 年的工作计划。2006 年协作活动的一个突出特点是各系统协作活动非常活跃，并得到各系统领导机关的重视和支持。

5. 加强了军内外图书馆的联系和信息交流

军队院校图书馆委员会作为中国图书馆学会、中国国防科技信息学会的分支机构，还有部分图书馆加入了中国社会科学信息学会，积极参加这些学会组织的学术研讨、技术交流活动，开阔视野，多方面了解掌握最新信息，汲取最新研究成果，不断提高队伍素质。军队院校图书馆的同志积极参加了中国图书馆学会 2006 年 7 月在西安召开的年会和中国社会科学信息学会 2006 年 10 月在南宁召开的学术研讨会，并有多篇论文获奖。2006 年 11 月 24 日，中国国防科技信息学会召开第四次会员代表大会，选举产生了新一届理事会，军队院校图书馆有 23 名同志当选为理事、4 名同志当选为常务理事、一名同志当选为副理事长。在这次大会上，军队院校图书馆系统有 6 个图书馆和 8 名同志分别被评为学会活动先进单位和先进工作者。2006 年又有 5 个单位加入该学会，使军队院校图书馆的会员单位达到 37 个。2006 年 11 月 30 日，组织军队院校图书馆系统的代表参加了总装备部和国防科工委组织召开的纪念国防科技信息事业创建 50 周年大会，军队院校图书馆的 8

名同志被评为“国防科技信息工作50周年先进个人”，在大会上受到了表彰。此外，军队院校图书馆委员会还通过会员单位申报、专家评审，向中国国防科技信息学会推荐了19项“十五优秀国防科技信息成果”参评。

此外，2006年陆军航空兵学院图书馆馆长曾纲京、南京陆军指挥学院图书馆研究馆员李洁、南京政治学院图书馆馆长章春野随中国图书馆学会代表团参加了美国图书馆学会年会。短短两周的行程，尽管是浮光掠影，但是，他们还是对美国图书馆事业的发展现状深有感触。

三、问题及前景剖析

2006年，军队院校图书馆在精简整编、文职干部减少、文职人员没有完全到位，以及培训任务转型的情况下，面临许多困难，尤其图书馆队伍青黄不接，直接影响了图书馆工作的开展。新的一年，我们将迎来《中国人民解放军院校图书馆工作条例》颁布和军队院校图书馆委员会成立20周年，总部机关将组织全军院校数字图书馆重点建设成果的汇报演示和整合，将召开全军院校图书馆工作会议，将组织对相当多的图书馆进行评估。这些大的活动对图书馆建设和发展具有重大影响。

除此之外，还要重点抓好以下工作：一是要以特色信息资源建设为重点，全面推进全军院校数字图书馆工程建设，加大信息资源建设、整合力度；二是进一步完善信息资源共享管理办法，按照有偿服务原则，建立行之有效的信息资源共建共享管理机制；三是搞好军事训练数字图书馆工程建设宏观策划和顶层设计，组织“全军院校信息资源服务保障系统”论证；四是抓紧搞好数字图书馆应用技术系统的深度开发，增强异构数据整合、跨库检索、安全认证等功能，提高图书馆信息和知识服务的水平；五是完成数字图书馆标准体系框架设计和5个具体标准的制订，并组织力量研究与制订知识组织体系描述规范；六是完成图书馆业务管理系统的合成、测试，争取年底前安装到全军院校图书馆使用；七是充分发挥军事信息管理系人才培训基地的作用，多方面加强图书馆人员培训，提高图书馆专业技术队伍素质；八是组织召开图书馆贯彻科学发展观学术研讨会，研究军队院校图书馆贯彻科学发展观对策；九是组织编写《信息检索与利用》教学大纲和系列教材，争取下半年报总部机关审定、付印。

总之，2007 年是“十五”的第二年，也是军队院校图书馆建设和发展非常关键的一年。为此，要发挥军队院校委员会的咨询、协调和指导的作用，坚定不移地贯彻科学发展观，认真研究落实各项工作的对策和措施，更好地发挥图书馆在院校教学科研中文献信息中心和教育信息化重要基地的作用。

医院图书馆

2006 年，是全面实施“十一五”规划的开局之年，中国医院图书馆以科学发展观为指导，抓住建设发展机遇，紧紧围绕为教学、医疗科研提供信息服务的双重任务，在馆藏资源、信息服务、自动化网络化建设、人才队伍建设、经费筹措、馆舍扩建等方面取得了很大的成绩，呈现出服务保障与自身协调发展的良好态势，为构建和谐的医院图书馆事业作出应有的贡献。

一、2006 年度中国医院图书馆事业发展现状

1. 基础设施情况

（1）馆舍建设。全国约有 1.92 万家医院、近 200 家医学科研机构、数万乡镇医院建有专门的图书馆（室）或医学信息部门。总馆舍建筑面积约 350 万平方米，一般县级医院图书馆约在 200 平

方米以内，地、市级中心医院约在200—500平方米，省级以上约在500—1000平方米，少数的达到1000平方米以上。

（2）使用图书馆自动化管理软件情况。47.8%的图书馆使用了图书馆自动化管理系统。其中，解放军医学图书馆、所有的医学院校图书馆、80%的省级以上医院图书馆都使用了自动化管理系统，实现了采购、编目、典藏、流通、公共检索等内部业务处理流程的计算机管理。部分县级医院图书馆没有使用自动化管理系统。

（3）网络建设。在网络化建设方面，24%的医院图书馆建立了专门的效能较强的网络，基本实现了业务管理的网络化处理和数字资源的网络化管理，其中，部分医院图书馆可连接校园网，部分馆内建有局域网，可提供馆藏目录查询、文献传递、参考咨询等服务，并配有专门的网页制作和维护小组。

2. 资源建设情况

全国医院图书馆的纸质资源馆藏约9500万册，县级每家约0.3万—5万册；地、市级每家约5万—10万册，省级每家约10万—20万册，超过20万册的医院图书馆占13%。2006年订购期刊3000余种（其中外文期刊1100种，中文期刊1900种），大多数县级医院图书馆没有订购外文期刊。47%的医院图书馆不同程度地订购了中外文文献电子信息资源，总计共订购国内外各类文献数据库41种；没有订购任何文献数据库的医院图书馆占53%。

3. 经费投入情况

全国医院图书馆的经费来源均依靠国家的财政拨款和上级单位的事业费拨款，年经费约计65 841.9万元。医院图书馆的购刊经费占66.9%，购书经费共计占10.8%，购数据库经费占17.4%，职员、职工工资等其他经费共计占4.9%。

4. 接待读者情况

医院图书馆每年接待读者数量约8390万人次，借阅文献数量约 6800 万册，开展馆际互借 157 件，通过因特网、网站等多种方式为卫生科技人员提供医学文献信息服务达 120 000 余万人次。

5. 人员比例构成情况

全国医院图书馆工作人员约为 7 万人。县级医院图书馆 0.5—2 人（实行兼职）；地、市级医院图书馆 2—3 人；省级以上医院图书馆 4—10 人，少数 10 人以上。正式人员与临时人员比例为 3∶1。博士学历占 0.27%，硕士学历占 1.2%，本科学历占 19.73%，专科学历占 37.12%，专科以下学历的占 41.68%。专业技术职务比例构成为高级专业技术职务占 10.8%，中级职务的占 23.5%，初级职务占 21.3%，没有评定专业技术职务的占 45.4%，临时人员一般不评任技术职称。

二、2006 年度中国医院图书馆事业发展的主要成绩

1. 强化基础设施建设，馆舍功能有所增强

医院图书馆作为医学研究的辅助机构，作为医护人员素质教育的重要场所，创造优美的人文环境是时代发展的需要，也是读者的需要。各地医院图书馆馆舍基础设施进行了改造和扩建，馆舍数量和馆舍面积有了较大幅度增加。解放军医学图书馆原有馆舍 14 000 平方米，现又扩建 6800 平方米；中华医学会图书馆扩建 1087 平方米；哈尔滨医科大学、大连医科大学、第二军医大学等 17 所院校的图书馆也都新建了馆舍，扩建馆舍面积平均达 17 429 平方米；海南省人民医院图书馆扩建 1350 平方米。改造及扩建的馆舍设计大都采用先进设计理念，追求良好的功能和开放性、适应性、灵活性，采用现代信息技术设备，具有良好的内外环境质量，体现了“读者第一，服务至上”的以人为本、高效灵活的建筑设计原则，使馆舍功能和环境有了较大的改善，为医院图书馆建设事业提供了良好的发展空间。

2. 业务基础建设工作步入规范化、标准化轨道

各地医院图书馆按照图书分类法、主题词表、书目、在版编目、图书馆建筑设计等方面指导性的规范，积极将业务基础建设工作推向规范化、标准化、科学化，对推动医院图书馆事业发展奠定了坚实的基础。

各医院图书馆积极开展文献标准化工作，实施《中国图书馆分类法·医学专业分类表》、《中国标准书号》（ISBN）和《中国标准刊号》（ISSN）、《中国分类主题词表》等有关书目著录、文献分类、主题标引、书目情报交换、磁带格式等方面的39项国家标准，对图书及书刊进行标准化管理；计算机录入管理采用《中国机读目录通讯格式》、《汉字条目通用排序规则》；各医院图书馆在广泛应用上述标准规范进行管理的基础上，还根据《医学主题词注释字顺表》、《中国中医药学主题词表》进行医学文献标引、编目和检索，科学规范中医药学古代、现代以及相关学科的科学用语，对中医药主题开展标引工作和建立计算机中医药文献数据库。

3. 医学信息地位日益凸现，文献资源建设投入逐步加大

随着医院图书馆发挥信息服务保障作用的增强，其在医院建设中的地位得到进一步提高，医院图书馆的经费状况有了不同程度的改善，文献资源建设投入明显加大，尤其是信息化资源建设得到空前的提高。

11%的医院图书馆年投入经费在100万—300万元之间，部分省市重点医院图书馆年投入经费达到500万—600万元，大型医学及科研机构图书馆年投入经费甚至达到1000万元以上。各医院图书馆在重点采集具有学科特色的纸本书刊的同时，还陆续引进了Medline、Derwent Drug File、Chemical Abstracts、BIOSIS Preview等二次文献数据库和Elsevier、Springer-Verlag、John Wiley、ProQuest等国际著名科技出版集团出版的Science Direct Onsite、Springer-LINK、ProQuest Medical Database、ProQuest Digital Dissertations等全

文文献数据库，数字馆藏资源经费约占总经费的30%，比往年提升7%。印本馆藏与数字馆藏并存发展并各具自身特色的生物医学馆藏结构，基本满足医学科技人员对医学文献的需求。

4. 医院图书馆信息化建设程度进一步提高

在设备设施方面，43%的图书馆有5台以上服务器，27%有50台以上的计算机终端，32%有3台以上的交换机。此外，45%的医院图书馆购买使用中国医学科学院图书馆研制开发的《中国医学文献数据库（CBMDISC）》、解放军医学图书馆研制开发的《中文生物医学期刊文献数据库（CMCC）》、《中文生物医学会议文献数据库（CMAC）》、《中文生物医学期刊引文查询系统（CMCI）》、《解放军医学图书馆馆藏生物医学外文期刊文献数据库（EMCC）》、《药物使用指南》及高原医学、病毒性肝炎、皮肤病等一批专题数据库。医院图书馆信息化建设的大力发展，为医疗、教学、科研、管理提供了高质量、高效率的信息服务，为读者提供了准确、有效、快捷的医学文献信息。

5. 业务管理水平日益成熟

在人事管理方面，主要采取了以下措施：①实施定编、定岗、定职制度，根据精简人员、提高效率的原则及馆内实际情况进行岗位和职责设置；②实行岗位责任制，实现了各项业务工作规范化和制度化，并制定了相应的奖罚规定；③实行任期目标责任制及相应的考核奖惩办法，开展职称评聘工作，进一步强化了考核工作，起到了激励作用；④实行全员聘任制，实行竞聘上岗和双向选择，使人才管理出现了前所未有的活跃局面。在管理观念方面，实现了3个观念的转变，一是信息观念的转变，普遍从重藏轻用的信息观念向开发利用信息资源转变，信息资源的开发利用成为图书馆的一项重要工作；二是馆藏管理观念的转变，从封闭、半封闭的馆藏管理观念走向开放型馆藏管理观念，基本实现了“以书为本”向“以人为本”的转化；三是效益观念的转变，从重馆藏数量和规模向效益型图书馆转化。提高馆藏文献利用率，充分体现文献的价值，力求社会效益和经济效益的最佳结合成为医学图书馆服务的重要目标。

三、2006年中国医院图书馆事业发展存在的问题

1. 经费缺口较大，事业发展受限

尽管部分医院图书馆经费有所增加，还采取了一些特殊措施，但经费缺口仍然较大。造成这种状况的原因主要有：一是文献价格上涨；二是外汇并轨使外文原版书刊价格上涨；三是图书馆规模的扩大和人员的增多，其运行费用不断增长；四是图书馆现代化、信息化、网络化建设的软硬件费用逐年增加。由于经费不足，图书馆舍破旧，缺乏新的文献资源，缺乏高新信息技术支持下的信息服务手段和信息服务内容，影响了各馆馆藏医学文献信息资源的系统性和完整性，造成了文献资源的匮乏；影响了各馆现代化、网络化、数字化的发展进程；影响了用户对各医院图书馆利用的积极性；影响了医院图书馆整体的社会作用与地位；阻滞了国内医院图书馆事业的发展。

2. 医学文献信息资源建设亟待加强

由于书刊价格上涨和外汇并轨等原因，图书馆新书、新刊的入藏量在逐步减少。这对各医院图书馆的藏书系统性、完整性和整体价值造成了较大影响，从而我国医院图书馆也面临着第二个医学文献信息资源贫乏期。

3. 医学文献资源共建共享困难颇多，影响整体进程的推进

长期以来，由于体制、经费、人才、信息网络构建不畅等原因，我国医院图书馆长期处于一种分散状态，各自封闭，横向沟通协作不够，面临着经费紧张，但又不得不大量重复购置入藏文献资源以适应用户需要的两难境地。这一方面造成了社会资源成本的极大浪费，另一方面影响了医学文献信息资源共建共享发展

进程。原因主要是：一是医学模式的改变和各学科的相互渗透，使医院图书馆所拥有的医学文献资源与用户实际需求之间的差距扩大；二是参加资源共建共享的主要是医院、医学院校和科研单位，读者对文献的需求具有较高的一致性，协调订购的回旋余地很小；三是体制条块分割，组织、处理、更新、维护跨系统跨地区的全国性医学共享资源，特别是实现网络全文提供难度很大；四是医学文献信息资源分布和配置集中，如北京和沿海等一些经济发达地区馆藏比较全面，而外文文献主要集中在位居北京的3个国家级医学图书馆；五是缺乏利益平衡和制约机制，共建意识薄弱，目前中小型医院图书馆主要停留在共享水平，共建观念有待提高；六是馆际互借活动开展不够畅通，馆际互借仅在一些大型医院图书馆开展的比较经常，并且存在回复时间较长、复印质量欠佳、费用结算手续各异等问题。

4. 法制建设滞后，管理水平有待进一步加强

由于医院图书馆法律法规建设的滞后，从而使全国医院图书馆事业的建设与发展缺乏统一规划、布局和协调，其管理体制不具有法律约束力。特别是基层医院图书馆（室）的建设现状不容乐观，全国数以万计的乡镇医院图书馆大部分没有严格的管理制度，存在图书馆藏书少、人员不足、经费拮据、馆舍拥挤、设备陈旧、管理水平与服务手段落后、服务方式被动等问题。这影响了医院图书馆的发展，同时也使医院医疗水平和医务人员技术水平的提高受到了影响。

5. 馆员队伍素质有待提高

医院图书馆普遍存在着人员编制不足和专业素质较差的状况，未接受过图书情报专业教育和培训的人员占有相当大的比重，部分人员信息技术应用能力较差，不能适应现代化的信息管理工作，同时缺乏相关学科知识，很难开展相关学科的导读和咨询工作，工作缺乏开拓性和创造性，直接影响了我国医学图书馆的服务质

量和医学图书馆事业的发展。

四、2007 年医院图书馆建设事业发展展望

1. 加大法律法规建设力度，切实推动医院图书馆事业发展进程

尽管国务院和中央各部委制定了一些图书馆行政法规，一些省市从自身实际出发相继在医院图书馆法制建设方面作出了有益的探索，使医院图书馆工作有所依据，但随着医院图书馆事业的不断发展，信息化、网络化、数字化等新技术不断更新，我国医院图书馆法规建设明显滞后，一些指标和内容已明显不适应目前医院图书馆的发展要求，在文献经费、人事管理、职称评定、资格认证、业务标准、工作程序、资源共享等问题上制定法律法规，加以明确权利与义务，从根本上克服医院图书馆工作的依附性和随意性，已成为推动医院图书馆事业发展的刻不容缓的头等大事。

2. 不断拓展医学信息服务职能，提供高效便捷的读者服务

在网络信息环境下，全心全意为广大读者提供高效、便捷的服务是医院图书馆的核心工作目标。一是在服务时间上，要充分利用信息技术，提供 24 小时全天候服务；二是在服务对象上，要向更多的读者包括病人及家属在内开放服务体系，尽可能让更多的读者利用更多的文献资料；三是在服务方式上，要尽可能多地实行开架阅览；四是在服务范围上，要突破一馆馆藏的范围，实行跨地区、跨省市、跨国界的馆际互借和文献信息传递，使各馆的馆藏在为读者服务时成为一个整体，形成一个服务的网络；五是在服务内容上，在做好文献信息服务的同时，要提供智能化、知识化、个性化的信息服务；六是在服务手段上，要充分利用信息技术，通过因特网、传真等多种方式，向读者提供方便、快捷、高质量的文献信息服务；七是在服务态度上，要提倡“服务第一、读者至上”的精神，并且在数字信息利用和服务过程中，既要严格遵照数字信息的使用、复制和网络传播的有关法规，保护作者

的权利，又要充分利用数字信息的特点，合理地传播数字信息，做好医学文献信息服务工作。

3. 加强馆藏信息资源复合化发展，实现传统文献和数字文献的有机结合

在当前信息资源类型的多元化和读者需求的多样化的环境下，面对生物医学领域日益丰富的文献信息资源，应当科学地确定各种载体文献入藏的最佳比例，解决医院图书馆经费拮据局面。医学图书馆不能固守传统馆藏建设模式，无视信息资源结构的变化，也不能单纯地认为数字信息资源可以完全取代传统文献。既要较好地采集和保存传统文献，又要将网络版、光盘版等数字信息资源纳入馆藏资源建设范围。在馆藏结构上，要加大数字信息资源的采集力度，形成印本和数字信息资源多种载体、多种类型并存发展的复合型馆藏结构；在馆藏模式上，要从以实体馆藏为主向实体馆藏和虚拟馆藏建设并重的模式转型，重视信息的存取和信息服务的能力，使其所能提供给读者的“馆藏”扩大到整个信息空间；在内容上，要在注重馆藏特色建设的基础上，除了对传统文献的入藏外，要积极进行馆藏资源和网络信息的开发利用，实现网络信息的馆藏化和馆藏文献的数字化，从而建立起传统文献和数字文献的有机结合、实体馆藏和虚拟馆藏相互依存互补的复合型生物医学馆藏资源。

4. 加强馆际间协作，多渠道实现医学文献资源共建共享机制

通过加强馆际间协作，加快医学文献工作的标准化，加强特色资源建设，改善医学文献资源的布局和配置，遏制文献资源的迅速萎缩，改变医学文献重复购置和重要文献资源严重短缺并存的现象，提高文献信息服务效率，积极参与国家科技图书文献中心（NSTL）、中国高等教育文献保障体系（CALIS）等全局性和区域性的各级文献保障体系，实现多方优势馆藏的联合，建立以国家中心馆、地区中心馆、多数省中心馆和主要的医学科研机构为

主体的，县市级馆、乡镇级馆（室）共建共享的五级网络；通过全国外文生物医学期刊订购协调，保证共享文献的总体持有量；通过不断完善联合目录等网上资源，提供期刊文献信息的快速检索服务；通过五级网络服务小组，采用邮寄、特快专递、传真发送或电子邮件等手段，进行文献全文提供服务。通过多种形式的共建共享渠道实现全方位、实时、便捷的“文献保障—全文提供”机制，有效地节约社会资源成本。

5. 加强医学馆员队伍建设，多途径提高馆员素质

一是要抓好以继续教育为主要渠道的馆员培养力度。医学图书情报继续教育是专业教育的一种延续，它使科研人才能够吸收最新信息和最新科研成果，完善其知识结构与技能，紧跟信息时代飞速发展的步伐。要遵循针对性原则、实用性原则和超前性原则，在内容的安排上，应注重实用性和超前性，根据工作需要缺什么补什么，采取内部岗位培训、交流，旁听相关课程，举办专题讲座、学术会议和报告会，参加科研工作，选派馆员攻读在职研究生，参加专业协会学习等形式对图书馆员加大培养力度。二是要建立健全馆员奖励机制。建立合理的激励机制，充分调动馆员的积极性，激发创造力和开拓力，促使馆员的整体素质得到提升，顺利实现医院图书馆的任务和目标。三是要建立医院图书馆人才数据库，构建具有科研创新活力的人才梯队。建立人才数据库，掌握了解人才发展动向，稳定现有的馆员队伍，吸引高学历、高技术专业人才，培养一批具有医学、图书情报学、计算机技术、外语等知识结构的复合型人才队伍，拉动医院图书馆科研创新生机和活力，为医院图书馆事业发展提供智力支撑。

在过去的一年里，中国医院图书馆旨在以科学发展观为指针，系统工程思想为指导，以自主创新精神为动力，以科研能力建设为中心，探索出一条具有特色的发展新思路。在未来的一年里，我们将期待着中国医院图书馆再创辉煌。

分报告六：图书馆学教育

2006年，伴随着我国图书馆事业的兴旺和繁荣，图书馆学教育继续在变革中稳步发展。为了更准确地反映2006年我图书馆学教育进展情况，我们以教育部"2007年全国硕士研究生招生学科、专业索引（120501图书馆学）"及2006年本科招生索引（110501图书馆学）提供的学校名单为主要依据，于2006年10月至2007年2月以电子邮件和邮政投寄相结合的方式向47个图书馆学教学机构发放调查问卷。调查共回收有效问卷39份。部分学校院系或图书馆因图书馆学硕士点刚获批准或本科专业已经停止招生，未填写问卷，但向我们回馈了部分信息。为全面反映图书馆学专业教育现状，在完成问卷调查的基础上，我们还参考了其他相关资料与信息，作为调查研究的补充。通过这些调查，可以大致勾勒出2006年及近年来我国图书馆学教育的发展概况。

一、图书馆学专业教育体系

本次调查结果表明，截至2006年12月，我国共有48所院校及图书馆开展图书馆学专业教育，其中，专科教育点3个，本科教育点28个，硕士生教育点40个，博士生教育点9个，获得一级学科博士点授予权的有5个机构，建立了博士后流动站的有2所院校。由此可见，我国的图书馆学教育已经形成了一个从学士、硕士、博士到博士后的多层次、较大规模且较为完整的专业教育体系，呈现出良好的发展态势。

为了反映图书馆学的专业设置随年代的发展变化，我们对2001—2006年图书馆学的专业设置情况进行了统计，结果如表2、图1所示：

表1　我国图书馆学专业设置年代统计表（2001—2006）*

年代	本科	硕士	博士	博士后
2001	22	18	3	0
2002	27	18	3	0
2003	28	27	5	2
2004	29	30	6	2
2005	27	33	8	2
2006	28	40	9	2

下图则较为直观地反映了2001—2006年间我国图书馆学专业教学点的发展变化情况：

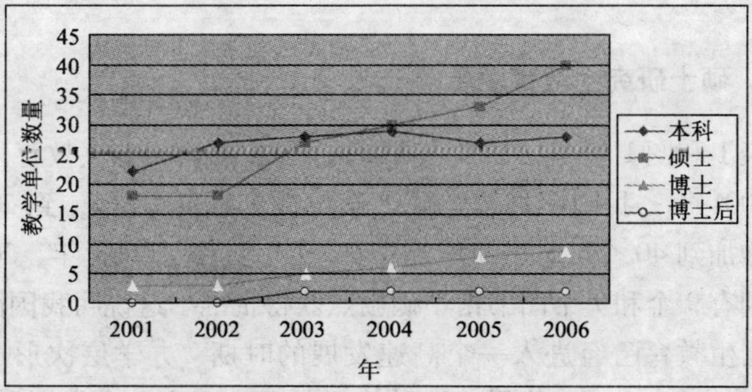

* 因开展专科教育的院系只有3所，故在此不做统计分析。因2005年新疆大学和长春大学都停止招收图书馆学本科生，所以从2005年开始这两所学校不计入统计。如未特别注明，以下图表中均未反映这两所学校的数据。

1. 本科教育的发展

从表 1 和图 1 可看出，2001 年以来图书馆学本科教育处于较为稳定的发展阶段。2002—2006 年的新增图书馆学专业本科办学点的学校包括：河北经贸大学、长春大学、长春师范学院、苏州大学、贵州师范大学、陕西理工大学、新疆大学和内蒙古科技大学。而 2007 年 3 月 12 日教育部最新公布的“2006 年度经教育部备案或批准设置的高等学校本科专业名单”中，又新增了鞍山师范学院、郑州航空工业管理学院和西北大学现代学院 3 所学校。专业办学点的增加，说明社会对图书馆学专业本科生仍然有着较大需求，图书馆学本科教育仍面临良好的发展契机。

2002—2006 年新增本科教学点及其地域分布情况是东北、华北和西北地区均增加 2 个，华东北和西南地区各增加 1 个。图书馆学本科办学点的分布更趋合理，特别是在西部及边远地区增加图书馆学教育办学点，有助于为这些地区的图书馆培养专业人才。

2. 硕士研究生教育发展

表 1 和图 1 表明，2001 年以来，图书馆学硕士生教育发展迅速。2001 年，我国图书馆学硕士学位授予点仅 18 个，到 2006 年已经增加到 40 个。5 年间增加了 22 个。其中，2003 年、2006 年就分别有 9 个和 7 个图书馆学硕士点获得批准。这说明我国图书馆学硕士生教育已经进入一个高速发展的时期，办学层次形成了以硕士生教育为主导的格局。这种格局是适应现实社会发展需求的，同时也与英美图书馆学教育的现状接近，符合世界图书馆学专业教育发展的潮流。

2002—2006 年新增硕士点及其地域分布情况是：华东北地区图书馆学硕士点增幅最大，新增了 5 个，分别是东南大学、山东大学、南京农业大学、安徽大学和曲阜师范大学。华北、华东南、西北和西南地区均增加3个硕士点，分别是中国科学技术信息研究所、天津工业大学和天津师范大学（华北），复旦大学、福建师范大学和浙江大学（华东南），西安电子科技大学、西安交通大学和西北大学（西北），西南大学、云南大学和中国科学院成都文献情报中心（西南）。东北和华中地区均增加2个硕士点，分别为黑龙江大学和辽宁师范大学（东北），河南科技大学和华中师范大学（华中）。华南地区增加了广西民族大学一个硕士点。新增硕士点的分布使图书馆学高层次人才的培养更加契合不同地区经济社会发展和图书馆事业发展对人才的需求。特别是西北和西南地区硕士点的增幅较大，有利于为经济欠发达地区培养更多高层次人才，推动其图书馆事业的发展。

3. 博士研究生教育的发展

直至2002年，我国仅有北京大学、武汉大学和中国科学院文献情报中心3家设立了图书馆学博士学位授予点，这已成为学科纵深发展的瓶颈。从2003年开始，这种局面逐步得到改观，南京大学、南京政治学院上海分院、南开大学、中国人民大学、中山大学和吉林大学分别获得了图书馆学博士学位授予权。2003年，武汉大学和北京大学分别获国务院学位委员会批准设立图书馆学博士后流动站。2005—2006年，继武汉大学和北京大学之后，又有南京大学、中国人民大学和中国科学技术研究所获得了“图书馆、情报与档案管理”一级学科博士学位授予点。可以说，2003年到2006年四年间，我国图书馆学博士生教育的发展取得了重大突破，这对于推动我国图书馆学教育的发展有着重大意义：

第一，博士点的增加和博士后流动站的建立，能够为图书馆学培养更多富有创造能力、开拓能力和敏锐洞察力的高水平的学科带头人，这必将促进图书馆学科的进一步发展。

第二，5所高校及科研机构获得一级学科博士学位授予权，在一级学科范围内授予博士、硕士学位，不仅扩大了办学自主权，促进了教育教学资源的合理配置，同时，有利于宽口径培养研究生，造就出具有较宽知识面和较强适应能力的高水平图书情报专业人才。

第三，博士点的增加，构筑了高层次的学科平台，能够吸引更多更高层次的人才来从事图书馆学的教育与研究，从而进一步促进学科水平的提高。

4. 继续教育

继续教育作为图书馆学教育的一个重要组成部分，不但为图书馆员素质的提升提供了一个有效平台，同时也为图书馆学教育赢得了发展的机遇。根据调查，我国共有15个图书馆学教学单位开展继续教育，其中15个教学机构均开设了研究生课程进修班，表明图书馆学继续教育的层次也在提高。除此以外，还有8个教学机构开设了本科函授教育，3个教学机构开展网络教育，还有一些学校设有夜校、成人教育、自考等继续教育的方式，满足了不同层次的不同需求。

二、招生与就业

1. 2002—2006年图书馆学专业本科招生人数

此次调查回收了23所学校2002年到2006年本科生招生与就业情况。在这23所学校中，有17所连续五年招收图书馆学本科生，其余6所则招生时断时续。连续五年招生的17所学校的情况如下图：

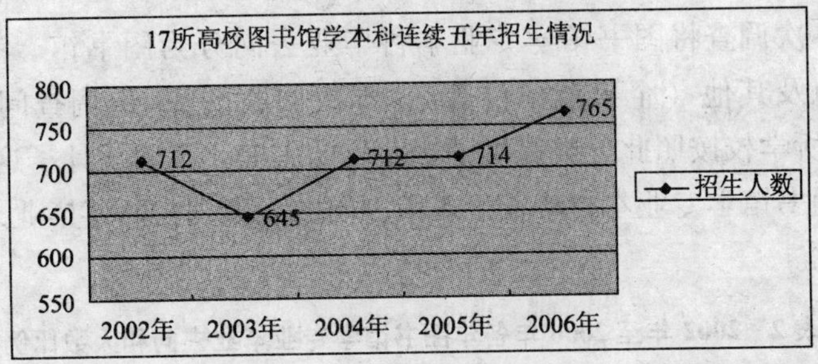

从各年招生人数的折线图可以看到，连续招生的这17所高校，从招生人数上看，从2002年到2003年招生人数略有回落，减少了9.41%，但是2004年又增加到了712人，2005年与2004年持平，2006年增长率达到了7个百分点以上，超过了2002年招生人数，达到了765人。从2002年到2006年这五年图书馆学专业招生整体增加了7.4%，可以说是平稳发展。

2. 2002—2006年图书馆学专业招生填报图书馆学专业志愿情况

在回收的22所招收图书馆学专业本科的高校问卷中，有14所高校反馈了所招收的图书馆学专业学生填报图书馆学录取和非填报图书馆学录取的情况。这14所学校在高考志愿中填报图书馆学专业而被录取的人数有738人，未填报图书馆学专业而被调剂到图书馆学专业就读的有1346人，比例接近1:2。武汉大学、四川大学等高校，填报图书馆学专业录取的学生大于非填报该专业的人数，武汉大学从2003年到2006年四年间，填报图书馆学专业录取的本科生为148人，非填报图书馆学专业录取的本科生为49人，接近3:1。但是从整体情况看，图书馆学本科招生中，被调剂录取进入图书馆学专业的学生仍占多数。

3. 2002—2006 年图书馆学专业本科毕业生就业状况

本次调查将图书馆学专业本科毕业去向分为图书馆、考研或出国以及其他（企事业单位等），本次回收的 23 份调查问卷中，有 19 所学校按照此分类提供了毕业生的去向。下表统计了这 19 所高校图书馆学专业本科毕业生 3 个去向的人数和占每年毕业人数的百分比。

表 2　2002 年至 2006 年各年图书馆学专业毕业去向和人数比例

年份	毕业人数	图书馆		考研或出国		其他	
2002 年	380	204	53.68%	76	20.00%	100	26.32%
2003 年	437	228	52.17%	110	25.17%	99	22.65%
2004 年	498	263	52.81%	133	26.71%	102	20.48%
2005 年	459	212	46.19%	129	28.10%	118	25.71%
2006 年	610	276	45.25%	141	23.11%	193	31.64%
总计	2384	1183	49.62%	589	24.71%	612	25.67%

下图则直观地反映了 2002 年至 2006 年图书馆学本科毕业生就业去向变化情况：

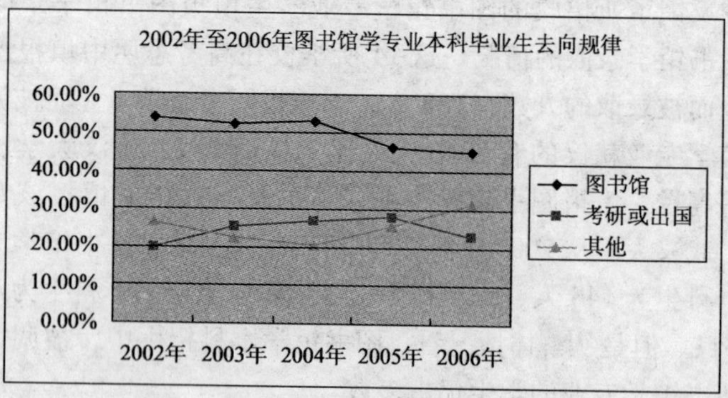

上图表明，这五年间图书馆学毕业生去图书馆就业呈下降趋势（8 个百分点），而去其他非图书馆机构就业的则上升了 5 个百分点。对这种状况人们有不同的看法。有人表示赞赏，认为这是图书馆学专业适应性强的表现，但也有人认为，图书馆学专业培养的人才越来越多不愿去图书馆就业，很难说是图书馆学教育的成功。

4. 2002—2006 年图书馆学专业硕士研究生招生状况

2002—2006 年间我国共招收 1291 名图书馆学硕士研究生（需要说明的是，由于有的单位是在图书馆情报和档案学一级学科下招生培养研究生，所以这一数据不是严格意义的图书馆学研究生资料），招生数量逐年增加，如下图：

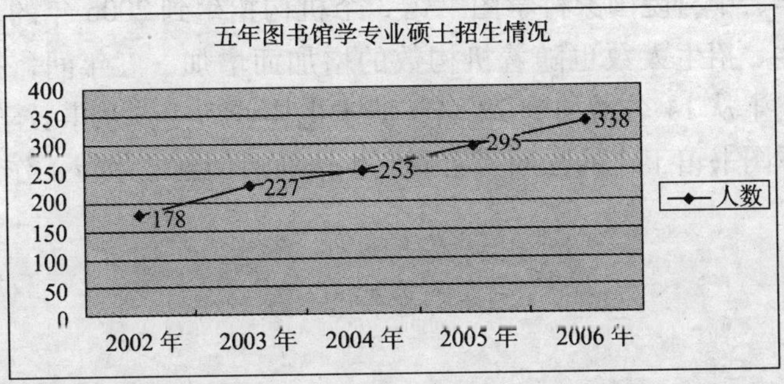

从 2002 年的 178 人增长到 2006 年的 338 人，增长了 89.9%，平均每年增长 22.5%，可见我国图书馆学硕士教育发展较快。这一方面是由于图书馆学硕士点逐年增加，同时也说明我们图书馆事业的发展较快，需要大量高层次的人才。

5. 2002—2006 年图书馆学专业硕士研究生就业状况

本次调查中，有 15 个图书馆学硕士培养单位提供了 2002—2006 年硕士研究生就业情况，虽不能概括全国所有图书馆学硕士毕业生的详细情况，但基本能反映我国的整体情况。我们将就业情况分为四类进行调查统计，即图书馆工作、教学、读博或出国以及其他。统计的结果是，2002—2006 年间，15 所学校共有 548 名硕士研究生毕业，其中在图书馆就业的 266 人，占 48.5%；从事教学工作的 77 人，占 14%；读博或出国的 71 人，占 13%；其他在非图书馆行业就业的 140 人，占 25.5%。数据表明，硕士研究生毕业后较多的还是从事图书馆工作，但需要注意的是，仍有 1/4 的毕业生从事其他的工作。图书馆学专业的硕士仍流出图书馆界，这不能不引起我们的思考。

6. 2002—2006 年图书馆学专业博士研究生的招生与就业状况

2002—2006 年，图书馆学博士研究生从最初的北京大学、武汉大学、中科院国家科学图书馆 3 个机构招生到 2006 年的 6 个机构招生。招生人数也随着机构数的增加而增加，五年间，招收博士研究生从 14 名增加到 28 名。博士生毕业后主要从事教学工作，只有原图书馆工作的在职博士研究生毕业后回到原单位工作。

三、课程设置

1. 本科核心课程

课程设置在很大程度上决定着学生的知识结构，从而也在很大程度上影响着他们的职业竞争力。2003 年 4 月教育部高等学校图书馆学学科教学指导委员会在湘潭大学召开了会议，主题为“图书馆学专业本科核心课程建设”。会议上确定了 7 门图书馆学专业核心课程，我们对 18 所提供了本科培养方案的高校开设这 7 门课程情况进行了调查统计，结果如下表：

表3　7门核心课程的开设情况

序号	课　程　名	开设学校的数目	开设学校的比例
1	图书馆学基础	15	83%
2	信息组织	7	39%
3	信息描述	4	22%
4	信息资源建设与服务	17	94%
5	信息存贮与检索	18	100%
6	数字图书馆	16	89%
7	目录学概论	16	89%

18所高校中，7门核心课程全部都开设的高校有14所，占18所高校的77.78%，开设6门的有3所（16.67%），开设5门的有1所（5.56%）。有些学校实际上开设了这些课程，但名称不完全一样。

我们还对各校开设的图书馆学专业课状况进行了统计，并依照课程开设的学校数量从多到少进行了排序（见下表）。

表4　各校开设的图书馆学专业课状况

排序	课程名	开设学校数目	排序	课程名	开设学校数目
1	信息（文献）检索	18	2	信息（文献）资源建设	17
3	目录学	16	3	数字图书馆	16
4	图书馆学基础	15	5	文献编目	12
6	分类法与主题标引	11	6	信息服务/信息服务与用户	11
7	图书馆管理	9	8	信息组织	7
8	文献学	7	9	图书馆自动化	6
9	图书与图书馆史	6	10	信息描述	4
10	数据库	4	10	知识产权	4
11	参考咨询服务	2	11	信息资源共享	2

比较表4和表5可以看出，湘潭会议设定的7门图书馆学专业核心课程和18所高校开设的图书馆学专业课程中的前10门课程，大体上是重合的，尽管课程名称不尽相同，如分类法与主题标引，应该是“信息组织”的主要内容，文献编目应该是“信息描述”课程的主要内容。这说明，湘潭会议确定的核心课程，基本上涵盖了图书馆学专业的核心内容。

2. 本科的必修课与选修课

图书馆学专业毕业生往往被认为缺乏相关学科知识背景，因而难以胜任图书馆某些岗位。这个问题通过必修课与选修课的设置得到一定程度的解决。如果能开设较多的选修课，学生可以根据自己的特长、爱好来构建自己的知识结构，提高适应不同社会需要的能力。本次调查中有10所学校详列了本科教学计划中必修课与选修课的课程名称、学分、学时等信息。选修课与必修课的比例，最大的为1∶1.47（武汉大学），最小的为1∶4.33（安徽大学）。应该说，选修课所占的比重大，更有利于宽口径的复合型人才，但究竟什么比例最合适，有待进一步研究。

3. 硕士研究生课程设置

对硕士研究生来说，课程学习仍然是他们扎实、深入地掌握专业基础理论与方法的重要环节。本次调查共有13个单位提供了课程设置信息，现将比较集中的课程列表显示如下：

表5　图书馆学硕士研究生开设主要课程

课程名称	开设单位数	课程名称	开设单位数
图书馆学基础理论	13	信息检索	13
数字图书馆	12	信息资源管理	11
信息组织	10	文献学	9

续表

课程名称	开设单位数	课程名称	开设单位数
信息服务与用户研究	7	图书馆自动化	6
信息咨询	6	知识管理	6
目录学	5	中国图书馆史研究	5
元数据	4		

上表表明，虽然图书馆学硕士教育机构根据各自的研究方向设置开设了各具特色的课程，但图书馆学专业的核心课程在多数学校仍是相同的。

四、师资状况

师资队伍建设是图书馆学教育发展的基础，教师水平对我国图书馆学教育的影响很大。在本次图书馆学教育调查中，有38所高等图书馆学教育机构提供了本院校图书馆学专业的教师情况。截至2006年底，这38所图书馆学教育机构共有图书馆学专业教师409名，其中男性教师248人，女性教师161人。需要说明的是，许多学校的师资并未在一级学科下进行细分，因此所提供的教师信息包括了情报学、档案学等相关学科的教师，而并非严格意义的图书馆学专业教师。

1. 年龄结构

专业教师的年龄在一定程度上反映着一所学校的教师队伍是否具有可持续发展的力量。下图是我国图书馆学教师的年龄结构：

从总体上看我国图书馆学教师的年龄结构较为合理，图书馆学专业教师中年龄在35—55岁的中青年教师比例最高，将近

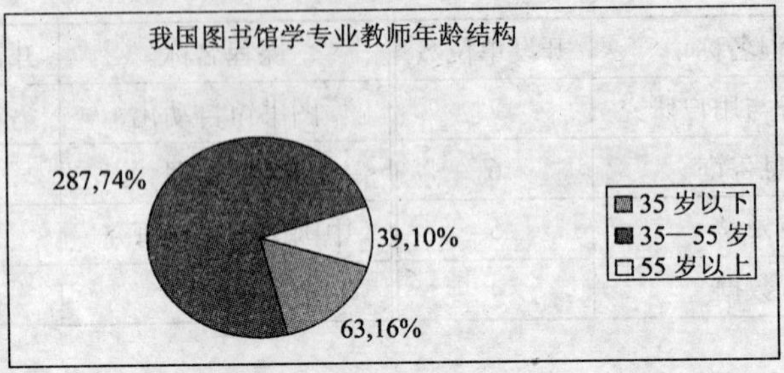

注：38 所学校中，有 2 所学校未提供教师年龄数据，
故合计中各年龄段总人数和为 389 人。

75%，这一年龄段的教师正是我国图书馆学教育的中坚力量。55岁以上的老教师比例占全部教师比例为 10%，他们依然坚守在图书馆学教育的岗位上，为培养新世纪的图书馆学人才、帮助青年图书馆学教师、促进专业教育的发展贡献力量。但我国图书馆学专业教师结构中不乏隐忧，35 岁以下的青年教师数量只占全部教师数量的不到 1/6，近一半的学校根本没有青年图书馆学教师，图书馆学教育面临后继乏人的现象。

2. 职称结构

在本次调查中，有 36 所院校提供了 385 位专业教师的职称情况。

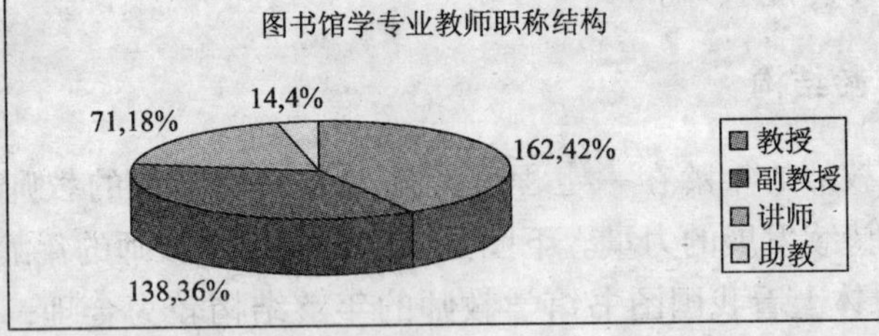

可以看出，我国图书馆学专业教师的职称相对较高，教师职称分布呈倒金字塔结构。这为学生提供了更多接触图书馆学专家、更深刻学习专业知识、增强研究能力的机会；但从另一方面来看，职称的倒金字塔分布结构也可能造成高级职称的教师由于缺少初、中级教职人员在基础教学、研究方面的支撑，可能要花费更多的精力在基础性的工作上，而在研究创新和教育发展方面的投入就相对较少。在提供数据的36所院校中，有15所院校的教师队伍中没有初、中级教师，他们的教师队伍层次相对较高，但持续发展的能力在一定意义上也受到制约。

3. 学历结构

学历是保证师资具有人才培养能力的基本条件。因此，学历结构是衡量师资队伍素质的一个重要指标。本次调查中，38所学校中的37所提供了386位教师学历情况，如下图：

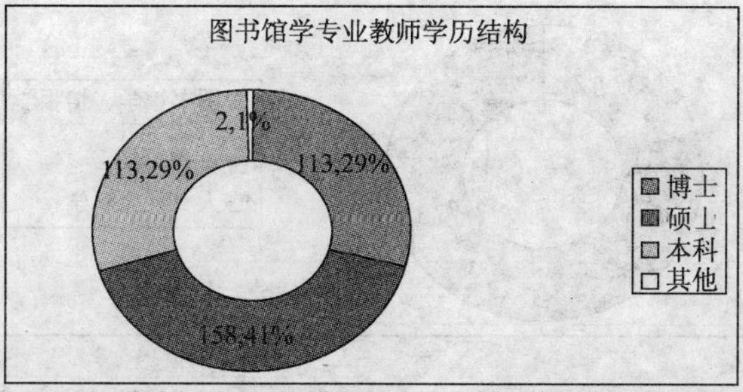

我国图书馆学专业教师的学历水平较过去有了较大提高，有近30%的人具有博士学位或在职攻读博士学位，40%左右的人具有硕士学位。考虑到我国图书馆学情报学获得博士学位授予权只有十多年时间，大多数55岁以上教师没有机会获得学位。因此，目前具有博士学位的教师主要是55岁以下的教师。相比较而言，美国在20世纪末，图书馆学情报学教育院系的教师中85%具有博士学位，我国图书馆学教师学历水平仍需要进一步提高。

4. 学科背景结构

图书馆学是一门综合性、应用性很强的学科，开展图书情报工作和提供信息服务必须利用计算机、通信、自动化技术，以及社会学、管理学、经济学等方面的知识。因此，以培养复合型人才为目标的图书馆学教育要求教师队伍群体知识结构必须具备多学科背景。这种学科背景的多元化成为评价图书馆学教师质量的重要标准。

本次调查的 38 所院校提供了 365 位教师的专业背景信息（由于对提供了多个学科背景的教师进行了重复统计，即提供了多个学科背景的教师在不同学科的统计中分别计数，故统计人数为 409 人），如下图：

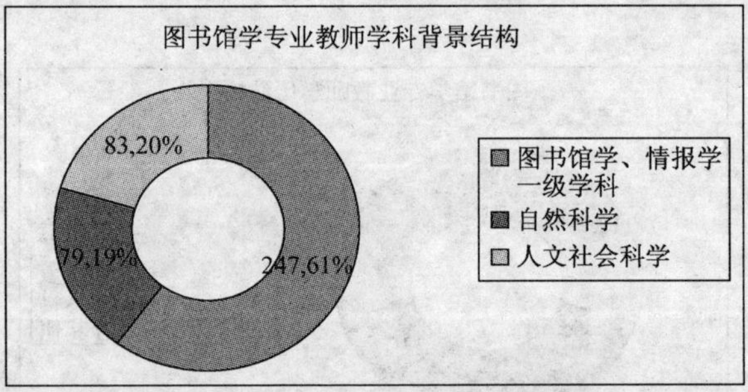

所有教师中，具有图书情报档案一级学科专业学位的教师 247 人，占教师数量的 61%，具有自然科学的专业知识背景的 79 人（占 19%），人文社会科学背景的教师 83 人（占 20%）。其中，同时具有两种及两种以上专业背景的有 39 人，只占全部教师数量的 10.68%，他们中有 31 人同时具有图书情报档案一级学科和某一专门学科的交叉知识背景。在涉及的非图书馆学专业中，涉及的主要学科包括计算机与通信技术、工程技术、医学、数学、物理等自然科学，以及人文社会科学中的经济学、管理学、中文、历史、外语、法律等专业。总体而言，我国图书馆学教师队伍的专业背景具有一定的多元化的特征。

5. 学员结构

在对图书馆学专业教师的最后毕业院校的观察中发现，38 所院校提供的 402 名教师的资料中，有 162 人毕业于目前所工作的院校。在 38 所院校中，教师毕业于本校比例超过 50% 的有 13 家，图书馆学教师队伍学缘关系上近亲繁殖的现象比较突出。这种现象大多出现在历史悠久的“老牌”图书情报学院、系。从有利于我国图书馆学学科发展和创新的角度考虑，这些引领图书馆学教育发展的院系应该着手改变教师队伍的学缘结构。

五、对图书馆学教育变革与发展的探索

图书馆学教育成为近年来图书馆界热议的话题。面临全新的数字化环境和图书馆事业发展的良好机遇，图书馆学教育如何通过自身的变革以适应时代的发展，是图书馆学教育工作者必须思考的问题。2006 年 10 月，由武汉大学信息管理学院、武汉大学信息资源研究中心和武汉大学图书馆学情报学国际合作研究中心举办的“第二届中美数字时代图书馆学情报学教育国际研讨会”，以其对数字环境下图书馆学教育变革与发展进行的全方位、高层次、多角度的探讨而成为 2006 年中国图书馆学教育发展进程中的一件大事。研讨会汇聚了中美两国及中国台湾地区的 120 余位图书馆学教育专家和图书馆专家，其中包括美国 5 所著名大学的信息学院院长、30 多位国内大学图书馆学（信息管理学）院长或系主任、30 多所大学或公共图书馆馆长，是一次名副其实的图书馆学情报学

教育“峰会”。会议探讨了数字时代我国图书馆学情报学教育面临的挑战与发展机遇，探讨了在国家大力推进信息资源开发利用的实践中，图书馆学情报学教育的变革与创新问题。会议特别强调促进图书情报学教育与图书情报实践之间的联系。研讨会除了有 13 位国内外知名专家所做的专题报告外，还有两个最突出的亮点：

一是举行了“图书馆学情报学教育者与图书馆领导者之间的链接”专题会议。与会者是图书馆人才供需双方。他们围绕图书馆学专业教育与职业需求问题展开热烈讨论，一致认为，目前高校图书情报学教育应以培养学生的职业竞争力为宗旨，确立培养目标，完善课程设置，提高学生的综合素质。人才培养者认为在人才培养过程中要重基础、重能力、重实践、重特色，人才使用者希望图书馆学教育培养的人才应该具备高素质、复合型与一专多能的特点。

二是举办了由中国图书馆学会教育与培训专业委员会主办的“中国大学图书情报学院院长、系主任圆桌会议”。与会者认为，图书馆学教育面临严峻的挑战，必须进行改革。要以增强学生的职业竞争力为目标，从教育理念、教学大纲、教学方法及终身学习的人才环境等方面规划专业教育变革的方向。与会者还就一级学科名称、核心课程设置、培养目标、教育与实践的联系、学位教育体系等问题进行研讨，并达成共识，签署了《中国大学图书情报与档案学类教育发展方向及行动纲要》。《纲要》吸收了当今世界图书馆学情报学教育的先进理念，将人才培养目标与职业需求环境紧密结合起来，引领和规划了我国图书馆学教育变革与发展的方向，具有重要的意义。

2006 年对图书馆学教育变革与发展进行探讨的另一次重要活动是该年 11 月在安徽大学召开的教育部高等学校图书馆学学科教学指导委员会第五次工作会议。会议的主题是图书馆学优质教学资源的配置与建设。与会者围绕什么是图书馆学的优质教学资源进行认真讨论，北京大学、武汉大学、南开大学、南京大学、中山大学和安徽大学等学校的图书馆学院系介绍了他们在师资队伍、优质生源、教材资料、实验装备、经费来源、办公条件等方面进行资源配置与建设的做法与经验。会议从一个具体的领域切入，探讨图书馆学教育的改革问题，对促进图书馆学教育的发展无疑具有重要的指导作用。

六、结语

2006 年及近年来我国图书馆学教育的进展表明，我国图书馆学教育在变革中持续发展。图书馆学教育规模不断扩大，专业教育体系进一步完善，教育资源的布局更趋合理，招生与就业形势总体看好，师资队伍建设取得了很大成绩，图书馆学教育适应经济和社会发展的需要能力增强。因此，那种认为我国图书馆学教育在“日渐萎缩”的看法是片面的，是没有事实根据的。当然，图书馆学教育仍然面临严峻的挑战。图书馆学教育体制需要进行改革，人才培养目标、培养规格、培养质量等问题都需要重新思考和定位，教学内容和教学方法亟待改革以适应迅速发展的图书馆业态变化和图书馆事业的发展。所有这些，都需要图书馆学教育领域和全体图书馆同仁的共同努力。

参考文献：

1. 潘燕桃，程焕文. 世界图书馆学教育进展. 北京：北京图书馆出版社，2004

2. 叶继元，（美）Chaomei Chen. 坚守与拓展：中美图书馆学情报学教育科学定位的思考. 中国图书馆学报，2007（2）

3. 司莉等. 第二届数字时代中美图书馆学情报学教育国际研讨会综述. 图书馆理论与实践，2007（4）

4. 教育部高等学校图书馆学学科教学指导委员会工作小结．中国图书馆学报，2007（1）

（参加本次调查研究工作的还有武汉大学信息管理学院黄如花教授、司莉副教授，博士研究生李卓卓、唐琼、于媛、费巍、武利红、马刘凤等同学，谨此致谢）

分报告七：图书馆学研究

2006 年我国图书馆学研究取得了丰硕的成果，初步显现出理论深化、面向现实、多头并进的良好局面。通过检索中国期刊网（CNKI）“图书馆学、图书馆事业”专题数据库，我们能够获得 2006 年的期刊论文 16 153 篇，比 2005 年的 13 371 篇增长了 21%；其中，核心期刊论文 3994 篇，比 2005 年的 3480 篇增长约 15%；核心期刊中“基金论文”（国家社科基金、国家自然科学基金等资助的研究项目）有 447 篇，比 2005 年的 382 篇增长约 17%。这些论文主要涉及的领域有图书馆学基础理论、信息资源建设、信息资源组织、数字图书馆建设、图书馆管理与法制建设等，下面分别加以叙述。

一、图书馆学基础理论研究

基础理论的研究决定着图书馆学体系的构建与未来的发展趋势，它的基本任务是对图书馆学发展中的基本问题进行解释。而图书馆学基础理论研究一直是中国图书馆学研究中最活跃的领域之一，2006 年取得的研究成果也非常丰硕。

1. 关于图书馆学理论体系的创新

社会信息化进程的日益加快，人类社会科学体系结构的不断演化，对图书馆学基础理论研究提出了重构和完善图书馆学学科体系的任务，为此，图书馆学理论体系的创新与转型成为当前图书馆学理论研究的一个明显特征。如叶鹰提出了“科学化图书馆学”概念，他认为，科学化图书馆学的主要内涵是方法科学化、理论科学化和问题科学化。图书馆学应当汲取物理学和经济学的研究经验，通过确立图书馆的理想模式和平衡状态，构成科学化图书馆学研究的基准；通过IFLA的有关宣言和声明，归纳出图书馆理想模式；通过静态分析和动态分析，确定图书馆平衡状态，并在此基础上根据图书馆发展趋势建构出科学化图书馆学应当研究的重点问题。[1]

一门学科在其不同的历史发展阶段，往往会呈现出不同的学科性质。因此，关于图书馆学的学科性质问题一直是图书馆学基础理论研究关心的问题。杨文祥在研究中对图书馆学的学科性质的稳定性问题，以及如何界定图书馆学的学科性质提出了几点看法，并通过其建立的一个分析图书馆学学科性质的模型，对图书馆学的学科性质进行了深入的探讨。[2]黄宗忠则再次就图书馆学基础理论的基本含义、研究现状、基础理论的作用与地位，图书馆学的研究对象、内容、体系，图书馆学基础理论与理论基础、图书馆哲学等问题作了全面的分析。[3]周九常也通过对图书馆学研究对象、学科性质等问题的讨论，对以前国内外学者提出的各种图书馆学定律进行比较研究，提出了“新图书馆学五原理”，即存在原理、动力原理、动态过程原理、关键因子原理和实践主体原理。[4]显然，这些研究成果都是在前几年研究基础上取得的新进步。

当代科学发展的综合化趋势越来越明显，图书馆学与其他相关学科的融合与渗透加快，使图书馆学理论研究出现了一些新的动向。其中，在图书馆学与知识学的融合方面研究成果较多。如施强提出，知识序化的含义不仅是宏观意义上的知识单元序化，而且是微观意义上的知识单元组配，它是图书馆活动过程的核心，是图书馆工作的逻辑基点，是知识组织的目标，是知识创新的前提条件，为此他系统总结了知识序化的特征和功能。[5]而柯平则认为图书馆学的学科基点是知识资源；知识资源论是沿着知识论、知识基础论、知识社会论、知识交流论、知识组织论、知识集合论和知识管理论这样的脉络展开并形成的；基于知识论的图书馆哲学观是对图书馆学基础理论的概括和升华，基于知识资源论的图书馆学原理包括知识资源存取、转移、传承和管理原理等，基于知识资源论的图书馆学方法论的首要任务是建立并完善方法论体系。[6]

张晓林通过研究美国主要研究图书馆在推动 e-first 和 e-only 图书馆发展，建立面向应用的信息服务和知识管理机制，推动公共信息政策和公共信息环境建设等方面的趋势后，探讨了这些趋势对中国研究图书馆发展的意义，提出研究型图书馆有必要重新定位自己的形态、功能和职责，探索融入学习社区（learning community）的方法和创建、保存、维护、利用资源和改进服务的新途径。[7]王子舟把公共知识空间与图书馆结合起来考察，得出了图书馆是公共知识空间的一种重要形式，它不仅承担了公共空间的永恒意义和价值，同时也与其他公共知识空间形式，如学校、博物馆等有着不同的特质的结论。他认为图书馆要发展，应解决好两个问题：一是要以提升公众知识理性为己任，二是其发展重心应由“高端”向“低端”转移。[8]

也有学者认为，社会变迁和学术发展对“知识”给予了高度的关注，知识应该是图书馆学关注的重要主题，图书馆学要研究知识的本质与功能、知识的形成与演化规律、知识生产、加工、组织、传播、利用等一系列知识活动的理论与方法，为人类社会的知识管理作出贡献。龚蛟腾在研究了一般的知识管理学与图书馆学的关系后明确提出，知识管理学是管理学下的一级学科，图书馆是人类公共知识中心在特定阶段的表现形态，其职能是从事公共知识的搜集、组织与服务，因此图书馆学实质上应是公共知识管理学，其上位学科是知识管理学。[9]

在对一些近年来出现的图书馆学新观念的研究中，有关图书馆权利、图书馆精神、公共图书馆制度、信息公平与信息开放获取、图书馆的人文取向、图书馆自由等受到进一步关注。

关于图书馆权利的研究，程焕文认为，从图书馆职业的本质和当前社会来看，中国图书馆的行业自律主要包括职业道德、图书馆权利、知识产权和廉洁自律4个方面，图书馆权利观念是未来中国图书馆事业的发展方向，保护知识产权、合理利用信息资源有利于维护公民的图书馆权利，而图书馆资源采购的廉洁自律是当前图书馆行业自律的重点工作之一。[10]施强的研究从图书馆权利的概念出发，认为图书馆权利包含自由、利益、主张、资格和力量5个要素，指出要顺利实施图书馆权利须以图书馆权利理论建设和制度建设为基础，以图书馆权利技术操作规范化建设为指导，满足利用者自由、平等的知识权利诉求。[11]杨斌的研究从法学、管理学和信息经济学的相关内容入手分析图书馆权利的主体，探讨了权利实现的可能途径，并提出立体多维的图书馆权利研究路径框架。[12]

关于图书馆精神的研究，学者们从不同角度、在不同层次进行了探索。范并思指出，“图书馆精神”一词出现在中国近现代图书馆学诞生的早期，到1990年前后进行过短暂的讨论，在2005年又成为理论研究热点。图书馆精神是图书馆人对图书馆事业的人文理想的一种认同，但对这一概念可以有不同的理解。他认为，研究与倡导图书馆精神，目的在于弘扬图书馆学前辈们的人文理想。[13]杨文祥指出，当代图书馆是由工业文明向信息文明转型时期的图书馆，与当代图书馆这一社会职能和历史功用相一致的当代图书馆精神，应该是一个由科学—人文精神、合作—共享精神、服务精神、求知精神和创新精神构成的精神整体。[14]汪洋的研究在区分“世界意义”公共图书馆精神和“中国意义”公共图书馆精神的基础上，明确提出当代中国公共图书馆事业发展呼唤“中国意义”的公共图书馆精神，即中国公共图书馆精神，其当代哲学内涵是具有科学理性和人文理性的平民化精神。[15]韩毅认为，图书馆精神是在图书馆的历史发展过程中积淀形成的，它与人类的信息需求体系相对应，是人类追求知识信息自由平等的体现。从知识（信息）的采集、加工与社会共享看，图书馆精神应包括3个层次：激励图书馆人爱岗敬业的职业精神，创新图书馆理论框架的学科精神，实现公民信息自由权利的图书馆制度精神。[16]显然，近年来我国图书馆学研究者对图书馆精神的研究，使公共图书馆在国家图书馆事业整体中的主体地位获得了一次认识上的回归，促使人们以《公共图书馆宣言》为参照系来系统审视我国公共图书馆精神缺失的历史与现实，重新在理念上确认了公共图书馆的基础体制，其意义十分深远。

关于公共图书馆制度的研究，蒋永福提出信息公平的实质是信息权利的平等，体现了社会发展的基本宗旨和社会制度的正义性，公共图书馆制度从关心平民的信息需求、促进民主政治和消除数字鸿沟角度，维护了社会的信息公平；[17]而公共图书馆作为一种典型的公共产品，只能由政府提供，政府必须履行公共图书馆投资主体的责任，为解决公共图书馆的拥挤性和地域性问题，政府必须承担普及公共图书馆的责任，并提供投资保障。[18]吴慰慈则强调在建设社会主义和谐社会中，公共图书馆必将起到缓解社会矛盾、缩小社会差距、维护信息公平、保障公民权利、活跃文化生活、提高教育水平、弥补数字鸿沟、推动和谐发展的作用。他指出，公共图书馆的一些新理念，如维护信息公平、保障公民权利等是近年提出来的，要加强对这些新理念的宣传和研究。[19]

关于图书馆自由和信息自由的研究，是近年来国际图书馆界关注的话题。蒋永福认为图书馆自由的实质是读者利用图书馆平等获取知识信息的自由权利，思想自由是图书馆自由的思想基础，图书馆自由的宗旨是维护读者的知识自由权利，而读者的知识自由权利是宪法赋予公民应该享有的权利，因而图书馆自由具有合法性基础。政府、图书馆行业组织、图书馆和图书馆人是保障图书馆自由权利的四大责任主体。[20]韩松涛的研究则以信息基础设计建设、政府信息公开、营利和非营利信息服务机构为切入点，讨论了信息自由与经济平衡发展的关系，认为两者存在着相互促进的关系。[21]

关于图书馆人文精神的研究开始由理论走向实践。王子舟指出，我国人口的知识贫困现象还很严重，知识贫困对弱势群体的影响至深，它不仅是生成弱势群体的深层原因，也是弱势群体难以摆脱其弱势地位的巨大障碍，[22]因此图书馆必须向弱势群体提供知识援助。郭海明的研究分析了知识弱势群体的含义及其产生的原因，对图书馆为什么要对知识弱势群体进行知识援助进行了论证，对图书馆如何进行知识援助提出了建议。[23]韩继章认为，当前以图书馆精神为核心内容的图书馆人文精神由于理论研究逐渐深入而发展迅速，图书馆人文精神从理论走向了实践，以人为本的治馆理念和服务理念充分反映了图书馆的发展方向和价值诉求。[24]

2. 关于图书馆史和图书馆学史的研究

近几年来，图书馆史和图书馆学史的研究成为图书馆学研究的重要领域，这方面研究的规模不仅前所未有，内容也在步步深化，研究者已经开始从思想史和价值观的角度来探讨图书馆的发展。

于良芝的《探索公共图书馆的使命：英美历程借鉴》[25]回顾了英美公共图书馆在一个半世纪的发展历程中对自身使命的探索；将整个过程划分为以下阶段：在“图书馆信仰”中产生，在经验主义考察中走向理性，在职业乐观主义背景下扩张，在功能设计中优化，在社会影响力驱动下巩固；总结了图书馆职业在回答

“公共图书馆的使命究竟是什么”的问题时的几度彷徨和迷失；指出在任何时候，公共图书馆对自身使命的认识都可能存在局限，重要的是，公共图书馆不被自己的局限捆住手脚，失去探索的能力。李超平的研究则从我国公共图书馆历史定位的角度来审视当前公共图书馆的发展，认为造成中国图书馆事业种种现实问题的原因分属于两个层面，一个是社会制度层面，即中国社会没有形成有利于公共图书馆事业良性发展的社会制度，一直以来的人治代替法制，使公共图书馆事业没能获得相应的支持，其事业总体水平远远低于社会的需求；另一个是职业层面，长期以来职业话语权的削弱，使图书馆职业道德约束力严重下降，它不仅需要职业精神的重建，也需要职业规范的重建。她着重对中国公共图书馆发展中的一些认识误区作了深入剖析：一是行政指令下推动的公共图书馆职业活动，这种管理模式不仅决定了图书馆职业的意识形态，也决定了它的职业行为规范；二是政治语境下的图书馆职业话语；三是利益分配理念下的“差别服务”。[26]韩继章在对中国图书馆百年史中的三次思想启蒙进行研究后也指出，思想价值观是探讨中国图书馆百年史中三次思想启蒙的重要方面，价值观念具有鲜明的时代性，特别在社会转型期更是如此。20世纪80年代社会的主流话语是一种“以效益为核心”的价值观，在图书馆学界亦提出“确立以效益为核心的价值观”，因而这个时期图书馆界的一些大的举措和研究，如文献资源调查和研究，图书馆事业发展战略研究，文献检索研究等，无不与提高“效益”和“效率”有关。而21世纪初图书馆学研究中出现了新的价值观的主导，即“以人为本”或“人本主义”的价值观，[27]它必将对当前和今后一段时间的图书馆学研究产生积极的影响。

“新图书馆运动”研究是图书馆史研究中的重要领域，针对近来一些学者提出“新图书馆运动”是一个泛指概念，甚至对这一概念在当时是否存在持怀疑态度，吴稌年通过对我国20世纪初图书馆事业发展过程的考察，对这一概念进行了深入研究，得出了“新图书馆运动”是发生在近代中国图书馆史上的一场具有重大历史意义的事件，如果从开展这场运动的宗旨上加以分析，“新图书馆运动”这一概念确实是最符合当时实际情况的高度概括[28]这一结论。而王旭明则研究了“新图书馆运动”产生的历史背景、发展过程及结束的原因，评析了“新图书馆运动”所取得的成绩与不足，指出了它在我国图书馆事业发展史上的贡献以及留给我们今天的思考。[29]

关于图书馆学史的研究也取得了一些成果。韩继章和范并思以纪念 20 年前在武汉大学举办的首届“全国中青年图书馆学科学讨论会”为契机，追忆了上个世纪 80 年代走入图书馆领域的一代图书馆学人所经历的学术历程，描述了他们作为一个十分重要的学术群体在理论和实践方面对我国图书馆学和图书馆事业的重要贡献，并着重探讨了首届“中青会”前后，我国图书馆学研究的变革及“中青会”在变革中所起的作用。[30][31]而刘兹恒的研究则在对中国传统图书馆学思想和图书馆学方法进行简单归纳的基础上，分析了我们今天的图书馆学研究应该如何发掘和利用中国古代和近代的图书馆学术资源，提出要大力弘扬中国图书馆学传统中经世济民的价值取向、调查研究的方法取向、应用研究为主的研究取向和系统、整体的思维取向等优良学术传统，并在此基础上融合西方图书馆学的成果，使当代中国的图书馆学研究既符合世界潮流，又具有中国的“魂”和“体”。[32]

3. 关于图书馆事业的研究

2006 年我国图书馆界关于图书馆事业的研究主要集中在对图书馆事业发展的战略思考以及政府的制度和财政保障方面。蒋永福认为，我国图书馆立法缺位、职业自律制度缺位、职业权益保障制度缺位和职业准入制度缺位，所带来的职责的缺位和功能的缺位，是阻碍中国图书馆事业发展的瓶颈。[33]胡昌平认为，在新的环境下，以知识信息的组织、开发和利用为内容的图书情报事业，其公益性与社会性以及在国家发展中的作用，决定了基于国家可持续发展的图书馆事业战略目标、原则与内容。他从这一基点出发，进行了基于三维结构的图书馆事业核心战略和基于价值链的图书馆事业效益战略之构建，并探讨了这一战略的综合实施策略。[34]张晓林则对建立面向变化和可持续创新的图书馆发展管理机制进行了研究，认为当前的图书馆正从稳态机制过渡到动态机制，图书馆应有意识地规划和组织发展战略管理，使其成为现代图书馆管理的核心任务之一。[35]许建业通过对中国大众文化发展历程及其特征的阐述，分析了当代中国公共图书馆所处的大众文化环境与社会期望，初步探讨了新世纪中国公共图书馆与大众文化发展的关系和拟采取的对策措施。[36]梁灿兴通过分析历史上政府财政对公共图书馆事业发展支持的变迁，揭示了图书馆事业建设高潮的特征，从历史和现实两方面，分析了政府财政对公共图书馆事业发展的基本意愿及其成因。[37]李超平则从城市文化的视角观察公共图书馆的社会职能，认为公共图书馆以它特定的职业方式向社会传递着“人文关怀”，而城市文化的发展战略又给公共图书馆事业带来了机会。[38]

随着图书馆人文精神的宣传和深入人心，在我国各级各类图书馆的管理和服务中，已经涌现出大量体现人文关怀的新模式和新形式，使图书馆的服务更具人性化。范并思通过对国内外网络媒体关于 Web2.0 和图书馆 2.0 的调研，介绍了图书馆 2.0 的起源与发展，以及运用图书馆 2.0 构建以用户为中心的图书馆服务。[39]程亚男提出，坚持图书馆服务的人文尺度，就要坚持为所有人服务，坚持技术人文的发展观，维护公共图书馆的非商业化特质和建筑设施的人文化本质等。[40]肖希明论述了图书馆服务文化的内涵与特征，探讨了构建和谐图书馆服务文化的目标、意义和作用，提出了构建和谐的图书馆服务文化的若干建议。[41] 陈力认为公共服务是图书馆服务的根本属性，作为公共服务重要组成部分的图书馆服务应体现公平原则、公益性原则、无差别原则、适度原则、资源与服务的共享原则和不断发展原则。[42] 黄俊贵提出，开放、公益原则体现了公共图书馆的服务性质，是原则之核心；而公平、共享原则则体现了公共图书馆的服务制度与目的。[43]

二、图书馆信息资源建设研究

信息资源是图书馆开展工作、提供服务的基础资源，因此信息资源建设一直以来都是图书馆学研究的重点。但当前图书馆的信息资源建设呈现出一些新的特点，如信息资源的类型结构发生了巨大变化，出现了文献信息资源、电子信息资源和网络信息资源三者并存的局面；信息资源的空间结构发生了巨大变化，出现了实体馆藏与虚拟馆藏并存的局面；信息资源的采访方式发生了巨大变化，出现了传统采访方式、网上采购方式、集团联合采访方式以及资源导航方式等多种采访方式并存的局面。在这种情况下，图书馆信息资源建设研究也有了一些新的发展。

1. 信息资源建设理论的新发展

关于图书馆信息资源建设的理论研究，目前主要集中在新理论的构建方面。肖希明在研究中对以往“信息资源建设”概念进行了梳理，并在此基础上提出了新的见解。他认为，信息资源建设是人类对处于无序状态的各种媒介信息进行选择、采集、组织和开发等活动，使之形成可资利用的信息资源体系的全过程。信息资源建设的主要内容有：信息资源体系规划、信息资源的选择与采集、馆藏资源数字化与数据库建设、网络信息资源的开发、信息资源的组织管理、信息资源共建与共享、信息资源建设基本理论和方法的研究等。因此，信息资源建设的理论体系应包括4个部分：基础理论、文献信息资源建设、数字信息资源建设和信息资源共建与共享。[44]金胜勇等则指出，当前基于共建共享的文献信息资源建设新理论的基础应该是传统的信息资源建设理论（如中国经典藏书理论、图书馆学五定律、文献选择理论、贮存图书馆理论、文献老化理论、零增长理论、拥有与获取理论）、信息资源管理理论、系统理论、资源优化配置理论。而新的信息资源建设理论的主要内容应该包括：信息资源建设原则（完整性、系统性、标准化）、信息资源结构理论、信息资源补充理论（强调资源选择中的品种齐全和可获得性、数字资源的呈缴制度和开放存取等）、信息资源组织理论和信息资源评价理论等。[45]

目前信息资源的大范围、大纵深整合已经成为信息资源建设的一个趋势。胡昌平等人提出，应以满足用户个性化信息需求为中心开展信息资源整合平台建设，要变纵向整合为横向整合，实现用户、服务、资源的一体化建设，而整合后的平台主要是由用户平台和资源整合平台组成。[46]邓胜利则提出了网络信息资源整合的战略目标，即利用各信息机构的互补性，通过对网络信息资源的整合，丰富自身的信息资源，实现网络信息资源整体化、社会化和全方位配置，以适应用户需求。在此基础上，他还给出了战略目标实现模型，即将国家图书馆、科技部、教育部、地方分别主持的文献信息资源共建系统、科技文献信息资源共建系统、中国高等教育文献保障系统、地方文献信息资源共建系统整合成公共平台，通过因特网，向各类用户提供服务。他认为网络信息资源的整合机制应该是在国家宏观调控下形成信息机构联盟，成立信息资源整合领导小组，建立信息资源整合系统和统一的信息资源整合标准。[47]

对信息资源共建共享理论与实践的探讨仍然是信息资源建设

研究的热点之一。在这方面的新成果有陈能华等的《美国信息资源共享市场的发展及启示》。该文分析了美国信息资源共享市场的概况和特点，指出我国在推动全社会信息资源共享方面应加强政府的引导和支持，适时引入市场机制，规范和培育信息资源共享市场，并最终构建起一个面向全球的中国信息资源市场。[48]

2. 关于信息资源选择与采集的研究

信息资源的选择与采集是信息资源建设研究中一个很实际的论题，该论题主要集中在信息资源采集的原则、标准（指标体系）、影响因素和解决策略等方面。王卫等人通过引入“图书价值效用”（即图书满足读者需求和图书符合馆藏要求的能力）这一概念，将图书馆选择图书时的定性评价转化成定量评价，设计出了图书采购的数学模型，力求解决高校图书馆图书采购资金在各图书类别间的分配问题，以及同类别图书的不同复本量的确定问题。[49]臧国全则以美国国会图书馆、哥伦比亚大学图书馆、加州大学图书馆、哈佛大学图书馆为例，分析了国外图书馆数字化内容选择的理论研究、实践研究情况，并在此基础上提出了图书馆数字化信息资源选择的8个原则，即产权保证原则、原始文献知识价值原则、用户保障原则、原始文献物理特性原则、数字保存原则、成本效益原则、避免重复数字化原则、技术条件限制原则等。[50]查炜进一步研究了社科文献信息资源建设的原则，提出了实体与虚拟馆藏相互补充、相互依存的原则；学术性与权威性原则；特色化原则；馆际合作、共建共享的原则；规范化与标准化原则；安全性与可靠性原则。他指出，现实馆藏是社科文献信息资源的重要部分，各类型数据库是社科文献信息资源的特色组成，网络信息是社科文献信息资源的必然选择，灰色文献是社科文献信息资源不可缺少的部分，它们在图书馆社科文献信息资源建设中必须得到同等的重视。[51]

值得一提的是，为纪念1986年全国文献资源布局学术研讨会（即南宁会议）召开20周年，刘兹恒发表了专题文章，对南宁会议的历史意义进行了总结，并针对一些人否定文献资源整体化建设，试图让图书馆以对信息的“存取”来替代对文献的“拥有”这一看法，指出文献资源作为一种重要的资源，是一种基础性的知识资源，只能通过人们对各种文献进行有目的的选择、搜集、加工、整理才能形成。从战略高度上讲，为了保证我国的文献信息需求有一个较高的保障，我们必须对自己所需的文献有一个较为完备的收藏。从目前的情况看，即使是那些“存取”做得很好的国家也并没有放弃“拥有”文献，他们仍在不断完善自己的文献资源保障体制。而我国作为一个发展中国家，文献资源本身就比较贫乏，如果我们长期不能改变这种状况，不能建设起属于自己的比较丰富的文献资源，很可能会在未来文献需求的满足上受制于人。且不说当今世界风云变幻，各种风险都可能存在，即使是国际文献信息资源共享很有把握，我们对于重要的文献资源在全国也至少应该有一个备份。应该把信息资源作为国家的战略资源来看待，绝不能轻言放弃对它们的“拥有”。[52]

为了规范图书馆文献资源建设，规避图书馆文献采访工作中的不止之风，中国图书馆学会2006年还及时组织专家研究制定了《图书馆文献采访工作者行为准则（征求意见稿）》（以下简称准则）和《图书馆文献采访工作规范》（以下简称规范）。《准则》规定：图书馆文献采访人员必须具有社会责任感和敬业的精神、服务读者的精神，必须遵纪守法，同时要具备交流沟通的能力。《准则》也指出，作为图书馆文献采访人员履行自己社会职责的自律规范，其贯彻落实还有赖于图书馆文献采访人员的自觉行动、图书馆馆长的具体指导、图书馆行业组织的引导激励、图书馆间的积极合作以及全社会的监督与支持。而配合《准则》实施的《规范》，则对图书馆文献采选方针及文献收集标准的确定、文献采购经费预算方案的编制、文献采访管理制度的建立、政府招标采购的办法，以及具体的采访工作环节与程序作出了详细规定。虽然《准则》、《规范》不具法律效力，但它却标志着我国图书馆文献资源建设工作在规范化的道路上又向前迈出了重要一步。

3. 关于古籍资源的保护和数字化研究

2006年，我国古籍资源的保护和数字化工作开始全面提速。首先是文化部制订了《中华古籍保护计划》，并于2006年5月实施。该计划主要包括三方面工作：①在全国开展大规模的古籍普查；②培养古籍修复人才；③建立国家古籍保护重点实验室。同时，为配合这一计划的实施，文化部还颁布了5个图书馆行业标准，即《古籍定级标准》、《古籍普查规范》、《古籍特藏破损定级标准》、《古籍修复技术规范与质量要求》和《图书馆古籍特藏书库基本要求》。显然，这些计划和标准将成为我国古籍资源保护工作的指南。

我国的古籍资源目前是分散保存在不同的地区和不同的图书馆，由于各种原因，许多图书馆的古籍保护工作都遇到了很大的困难，为解决这些困难，我国图书馆界做了大量的研究工作，2006年的研究更是非常活跃。除了在中山大学召开了全国古籍保护研讨会之外，期刊上发表的有关学术论文也比较多，主要是各具体图书馆的个案研究。如李雄飞等人分析了北京大学图书馆古籍损坏严重的原因，认为主要还是因为家底不清、典藏条件恶劣、典藏制度与借阅制度不合理等。而在古籍修复方面存在的问题则主要是人员奇缺、后继乏人；管理制度不完善、岗位责任不明确；没有建立细致、完整、系统的修复档案；缺乏必要的检测仪器设备等。为此，当务之急是要制订一个切实可行的解决方案，从普查古籍、摸清家底，加大投入、改善条件，转变认识、树立“大古籍”观，整理出版、数字化转换，培养人才、建修复档案等方面逐一落实。[53]赵奇钊等人也通过对湘西自治州七县一市图书馆古籍保存现状的调查分析，提出了经济不发达地区公共图书馆古籍保存的对策，即关注价值、重视价值、思想上引起足够重视；归零为整，集中财力、物力、人力，加快古籍保护与开发工作步伐；加速古籍保护的法定原则和古籍利用的制度建设；建立特色古籍数据库，实现古籍文献的数字化；建立古籍保护与利用的专门协调机构等。[54]奚可桢则从藏书场所的建筑学角度探讨了中国古代保护藏书的技术和方法，从建筑环境（地势高，周围有水域环绕，无遮挡而且干燥的地方）、建筑材料（石质、砖瓦、琉璃、矿物、木质）、建筑样式（窑穴、石室、藏书阁楼、皇史宬）、建筑装饰等方面为今天的古籍保护提供了借鉴。[55]

在古籍数字化研究方面，徐清等人对近十年古籍书目数据库建设的研究情况进行了综述，全面介绍了我国古籍数据库收录古籍的范围，古籍分类法的选择、改编，古籍机读目录格式的采用及修改，古籍元数据格式的研发，著录的原则和标准，汉字平台与编目软件等技术工具的开发等。她们得出的结论是：古籍书目数据库建设的标准化、规范化是近十年来探讨的重点，虽然在具体问题上存在诸多分歧，但也形成了不少共识。[56]王立清等人介绍了我国港台地区古籍数字化的现状，认为其特点是：发展历程随技术的发展由浅入深，逐步完善；强调区域规划与发展，追求数字化规模；多以公益性为主，重视古籍数字化的学术性；数字化成果的检索功能强；主办机构以大学、研究所、图书馆为主；服务对象多元化。中国内地可以借鉴的经验包括：有效规划，统一标准；联合开发，资源共享；注重开发特色资源；重视版本选择，注意知识挖掘；重视相关人才的培养等。[57]

王燕探讨了图形化查询技术 GIS 在北京大学古文献资源库中的应用。她认为，GIS 检索具有如下优势：可以同时检索历史地图和现代中国行政区划图，通过汉字分词技术减少检索结果错误，能实现缓冲区检索等。[58]郑章飞总结了湖南大学图书馆的书院文化数据库的建设经验，提出了古籍文献数字化应该遵循的原则，即保真原则、整理原则、标准化原则、网络化原则、整体规划合作共享原则。[59]程佳羽探讨了理想状态下的古籍全文数据库的实现模式，指出该模式应该包括5个方面，即以DC元数据为基础的书目著录检索系统；多层次的数据集成体系；结合主题标引的全文解析设计（所谓文献解析，是把中文古籍中所包含的信息进行全面分类处理，将文献内容细节化、类型化）；可扩展的灵活存储机制和多种发布形式；数据库的整合设计（含内容整合和功能整合）等。[60]实事求是地说，这些研究对古籍资源数字化建设起到了一定的促进作用。

三、图书馆信息组织研究

随着信息资源的不断增长和用户对信息资源准确化、个性化的需求，信息组织的重要性日益突出，对信息组织的研究自然成为了近年来图书馆学研究的热点。2006年，这方面的研究也取得了许多成果。

1. 关于信息编目与分类的研究

长期以来，图书馆编目占用了图书馆大量的人力、财力和物力，怎样才能降低编目成本、提高编目效益，这是许多研究者一直在思考的问题。赵伯兴通过分析编目成本与编目质量的关系，提出了建立科学的绩效评估体系，运用标杆分析法来对图书馆编目工作进行管理，以达到降低编目费用和提高书目数据质量的目的。[61]也有一些学者在权衡编目成本与效益的情况下，提出了将图书馆的采编业务外包。如程焕文等从信息技术发展给图书馆带来的压力和图书馆工作重心转移两方面，分析了图书馆编目业务外包的必要性，并结合中山大学图书馆的实践，从正反两方面论证了图书馆采编业务外包的优越性，认为它是图书馆编目工作一种不可忽视的发展趋势。[62]

现在已经有越来越多的图书馆开始对网络信息资源进行著录，但网络资源作为图书馆虚拟的信息资源，其著录方式与图书馆收藏的传统文献有很大的不同。针对这种情况，都平平对学科门户网络资源的著录方式进行了初步研究，分析了网络资源与其他媒体资源的异同以及 MARC 著录格式对网络资源著录的适用性和不同点，探讨了网络信息资源著录的 URL 链的唯一标识性、著录元素的选取原则、组织原则、著录规范及相关问题等。[63]

分类法一直是信息组织的研究重点。在网络环境下，对分类法的研究主要侧重在对传统分类法的改进，即通过对传统分类法体系结构、类目设置的调整来适应网络信息资源分类的需要。也有一些是以传统分类思想为基础，构建能够适应新技术环境的新分类法研究。典型的成果如陈树年等编制的基于网络环境的《中国图书馆分类法》搜索引擎版等。[64]为了解决跨学科信息分类的准确性问题，谭忠顶研究了既能表示线性结构又能表示分叉结构的二叉分类号，这种分类号能够解决包括跨学科分类在内的所有分类问题，并且可望在电子文献分类中得到应用，有较好的应用前景。[65]

针对传统静态聚类系统组织信息欠准确的特点，马张华进行了中文信息的动态自动聚类理论和实验研究，力图通过线型聚类、多维聚类、等级显示、优化算法和扩大预处理等方法实现信息的高效聚类，达到信息组织的序化。[66]而何琳等人认为，《中国图书馆分类法》作为我国图书馆使用最广泛的分类工具，由于其本身类目数量庞大，且各类目中的文献分布不均衡，使得基于机器统计学习的自动分类技术在这种多层分类体系上显得力不从心。虽然基于人工标引经验的自动分类试图通过情报检索语言兼容互换的原理来解决这一问题，但直接应用标引词串对分类进行匹配却在实际应用中产生了一系列的问题。为此，他们尝试将人工分类和自动分类两种技术相结合对信息资源进行分类，并采用相关度来测定关键词和类目概念之间的关联，取得了一些成果。[67]冯璐等也提出了利用共词分析来聚类词汇的方法。共词分析方法是内容分析方法的一种，其原理主要是对一组词两两统计它们在同一篇文献中出现的次数，对这些词进行聚类分析，进而分析这些词所代表的学科和主题的结构变化，具体包括基于包容指数和临近指数的共词分析方法、基于战略坐标的共词分析方法、基于数据库内容结构分析的共词分析方法等。[68]

在图书馆的分类实践中，实现文献分类法之间的互操作是分类人员的迫切需要。目前国内外大多数关于分类法之间互操作的研究，基本上都是采用人工判断的方法来建立类目之间的映射关系。而戴剑波等人则通过计算类目的相似度建立了以《中国图书馆分类法》和《杜威十进分类法》为例的自动映射系统，创新了这方面的研究。[69]

对于网络信息组织，很多学者认识到简单的词语形式匹配已不能满足用户越来越复杂的需求，他们逐渐开始探索从语义角度来进行信息组织。王翠波等提出了通过语义网实现信息组织的思想，认为语义网技术可以引导人们进行语义层次上的信息分类、信息标引、信息索引、信息整合等方式的信息组织，建立起一个有序的信息空间。[70]包冬梅也赞同利用语义网进行信息组织，并指出基于本体的语义检索及基于主题图的知识导航是实现语义信息组织和检索的途径。[71]而陈谷川等则具体尝试了采用语义网技术来建立一个语义网知识组织系统的原型，力图把构想变为现实。[72]

2. 关于元数据的研究

元数据研究仍然是 2006 年信息组织研究的重点。王萍等在研究中通过实例比较了 EAD、DC 以及 TEI 这 3 种元数据记录情况的异同，并据此推论得出了元数据的发展趋势。[73] 江汇泉则探讨了 DC 元数据在图书馆应用中的编码实现，认为它有助于资源描述深度和广度的拓展。[74]

高嵩等人的研究在回顾了 PREMIS 项目的发起背景和工作进展，并对 PREMIS 的基础——OCLC/RLG 关于保存元数据框架的基本理念和内容进行分析后，提出了 PREMIS 构建核心保存元数据体系的新观点，还对 PREMIS 数据模型中各实体的保存元数据进行了阐述，归纳出了 PREMIS 保存元数据的特点。[75]

宋涯含等通过对 OhioLINK 医学元数据、NLM Metadata Schema、Medical Core Metadata（MCM）、CISMeF 元数据、EBM metadata 等 5 种医学资源元数据方案的介绍和分析，揭示出它们的共性与区别，为制定我国的医学元数据方案提供了思路。[76] 而郝继英则以 DC 元数据为主，以基于本体的知识组织方式设计出“中国艾滋病信息门户（CAIP）”建设方案，试图对艾滋病领域的文献信息、项目信息、机构信息、专家信息等进行组织整合并提供便捷的关联检索功能，使元数据研究在医学信息组织方面得到了具体应用。[77]

MARC 作为在 20 世纪 60 年代诞生的机读目录国际标准，是以代码形式和特定结构记录在计算机存储介质上的、用计算机识别和阅读的目录，它实现了机读书目数据的规范和统一，对图书馆自动化产生过重大影响。但是作为图书馆专有数据格式和数据处理机制的 MARC 格式目前在许多方面却落后于技术的发展。为此郦金花提出了一个基于 CNMARC 元数据标准字典库和 XML 技术的 MARC 信息资源发布系统，实现了从 MARC 数据格式到 XML 文档的转换、XMARC 信息快速检索和个性化显示三大功能。它对 MARC 数据真正融入互联网和 MARC 在数字图书馆中的进一步应用具有启示意义。[78]

3. 关于信息组织新技术应用的研究

很多研究者在信息组织的研究中都探讨了新技术的应用，如信息可视化技术的应用等。如杜慧平等将美国纽约 Thinkmap 研究所开发研制的思维导图可视化词典（Thinkmap Visual Thesaurus，简称 TVT）介绍到了国内。该思维导图可视化词典作为一个词表系统，是一种三维交互式参照工具，它深入揭示了 17 种词间关系，以三维动态语义网形式显示词汇，使词汇及其词间关系可视化，具备互操作性，在传统词表的基础上衍生出新的功能，其对知识的组织表现方式及其构建的思想具有很强的借鉴意义。[79] 周宁等也探讨了可视化技术在信息组织中的应用，他们认为，可视化包括知识发现的可视化、知识表示的可视化、知识组织中的可视化 3 个方面。知识发现的可视化指在对原始数据分析处理的基础上，通过可视化的操作来实现知识的发现；知识表示的可视化指将其他空间数据分析方法，如数据挖掘和知识发现所获得的知识和规律利用可视化的方法表现出来，使得知识便于理解；而概念地图、认知地图和思维导图则是可视化方法在知识组织中的有益探索。[80]

董晓慧着眼于解决图书馆音乐媒体检索问题的研究，她分类归纳了 12 种音乐媒体的属性，并根据这 12 种音乐媒体属性创建了音乐媒体数据库和音乐媒体检索系统，特别是增加了当代音乐媒体格式的检索处理，突破了《中图法》不能揭示音乐作品所有检索特征的局限性。[81]

此外，李军莲等尝试构建基于知识组织的国家科学数字图书馆（CSDL）学位论文文献保障体系，提出了基于概念图和本体知识框架的实用分类体系。它能够揭示不同信息之间的内在逻辑关系，使系统具备论文的使用、呈缴、维护和管理等功能，可以实现向不同需求的用户分配相应的论文使用权限，同时实现与中国科学院研究生院学位管理系统等应用服务系统的有效链接与集成。[82]

欧阳剑等提出了虚拟联合目录的构想，并将此构想应用到广西高校图书馆馆藏目录的“一站式”访问上。他们认为虚拟联合目录是书目数据库的虚拟组合，即每一个书目数据库都相对独立，但用户检索时则将它们视为一个整体。用户可以通过一个通用界面同步并行检索各个书目数据库，检索结果按照统一的格式返回该用户界面。他们使用和借鉴元搜索引擎的原理和技术，突破传统 Z39.50 的限制，把广西各高校乃至广西以外有关图书馆中独立的数据库虚拟成分布式的数据库，实现了广西高校图书馆分布式虚拟数据库馆藏目录的“一站式”访问，解决了数据库与操作系统的异构问题，为资源共享奠定了基础。[83]

四、数字图书馆研究

数字图书馆是近年来图书馆学的研究热点，2006 年我国图书馆界对数字图书馆的研究热情依旧不减，取得了较多的研究成果。

1. 关于数字图书馆的理论研究

《数字图书馆论坛》在 2006 年第 1 期开辟了“我国数字图书馆 10 年回顾”专栏，对我国数字图书馆建设的历程进行了回顾和展望。其中孙承鉴介绍了自 1995 年我国图书馆界开始跟踪调研国际数字图书馆的发展以来，我国数字图书馆研发所取得的重要成果，并重点对国家层面、地域层面和商业层面的数字图书馆建设项目进行了分析，总结了我国数字图书馆建设取得的主要经验和存在的问题。[84]镇锡惠根据十年来我国数字图书馆研究和建设情况，将我国数字图书馆发展历程分为概念引入、技术探索和应用实践 3 个阶段。[85]姜爱蓉等则从内容建设、服务体系、技术体系、社会环境等 4 个方面，对数字图书馆的发展趋势进行了展望，认为今后几年我国数字图书馆的建设将进入一个前所未有的全面发展时期。[86]

关于数字图书馆发展战略，张惠提出应构建数字图书馆的 CS（customer satisfaction）战略，即“用户满意”战略，它包括用户的理念满意（MS，mind satisfaction）、行为满意（BS，behavior satisfaction）和视觉满意（VS，visual satisfaction）3 个层次。他认为，数字图书馆 CS 战略的构建，目的在于以“用户满意”为目标，将 MS、BS、VS 的理念深深根植且点滴落实于日常的馆藏、服务、技术工作中，以营造出数字图书馆良好的生存发展环境。[87]

王杰英等人结合我国数字图书馆建设的实践以及国外数字图书馆建设的先进经验，提出了我国数字图书馆区域性建设的基本思路，即以本区域的各成员馆为依托，以实现资源共享为目的，采用先进的计算机和数字图书馆技术，遵循相关标准和规范，逐步开展数字图书馆工程建设。要以建设促进研究，并通过研究成果的转化进一步推动数字图书馆的区域性建设。[88]

关于数字图书馆的模式，申晓娟认为，我国已初步形成了由国家性、行业性、地域性与个体数字图书馆系统组成的分布式结构，各种数字图书馆建设模式共存的局面已经出现。目前需要按照建设重点和运作方式对数字图书馆的建设模式进行划分，并对每种建设模式的特点进行分析研究。[89]黄明则在自己的研究中把现有的各种数字图书馆分成了理想型、经营型和传统型三种模式，并对每种模式作出了相应的分析。[90]

在我国数字图书馆研究中，对高校数字图书馆建设的研究所占的比重较大，成果也较多。如周敬治等提出，高校图书馆应该加快知识服务型数字图书馆的建设，因为知识服务型数字图书馆是我国高校数字图书馆建设的高级形态，具体包括知识库、知识网络、知识服务系统和专业队伍建设，其建设原则有服务导向性、标准规范性、开放性、效益性、目标性和创新性等，其建设的关键技术有资源采集技术、知识处理技术、知识存储技术等。[91] 陆宝益等则在研究中指出，我国高校数字图书馆建设的宏观模式有三种：中央政府主导建设模式、地方政府主导建设模式和高校自主建设模式。但这3种模式都存在着经费渠道单一、资金短缺、各自为政、标准规范不统一、协调不力、资源重复建设等问题。未来的宏观模式取向应该是：发展战略由国家统一规划、总体协调；资金投入以国家拨款为主并广泛吸收社会参与；工程实施统筹安排，鼓励竞争，同时照顾中西部和中小图书馆；运营管理与服务以公益性为主，适当兼顾合作企业的利益。[92]

关于数字图书馆的知识服务，陈亚东探讨了门户网站服务模式、支撑“e-science”的团队服务模式、知识增值服务模式、无缝集成服务模式、教育提升服务模式等几种知识服务模式，并着重分析了影响知识服务模式选择的若干因素，给出了一些有益的建议。[93] 孙梅的研究则根据知识服务系统的需求，提出了系统的总体框架、核心处理流程，并对系统的应用环境以及技术难点作了详细的说明和分析。[94]

2. 关于数字图书馆资源建设的研究

如何有效地发现与揭示网络的信息资源，是网络信息组织的关键。针对这一问题，韩毅等以网络信息资源分布的幂规律与网络信息交流的小世界理论为基础，设计了数字图书馆资源自治系统（RAS），并以RAS为核心探讨了数字图书馆的网络信息资源发现的概念框架与运行机制，这使智能化信息组织与信息服务成为可能。[95] 龙朝阳等提出了以用户信息组织为基础的数字图书馆个性化信息组织模式，对个性化信息资源组织全过程，即信息描述和标引、以用户为中心的资源整合、个性化服务、信息反馈与更新等进行了较为深入的研究。[96]

杨宁以数字图书馆信息资源运作模式的微观层面为基础，通过借鉴生态学中的生态位理论以及复杂适应系统理论（CAS），从数字信息资源增长与跃迁模式分析、数字图书馆信息资源运作模式的生态学分析，以及数字图书馆信息资源运作模式中涌现的复杂自适应特性等3个方面，对数字图书馆信息资源的可持续发展进行了研究，指出数字图书馆信息资源运作模式在现实中所表现出的复杂自适应机制，是数字图书馆信息资源在微观、宏观层面不断增长和保持可持续发展的内在驱动力，也是其不断演化的基础。[97]

3. 关于数字图书馆用户服务的研究

王丙炎等对数字图书馆的服务模式进行了分析，认为未来服务主导型数字图书馆将占主导地位，它包括个性化服务、集成检索服务、参考链接服务、数字参考咨询和学科信息门户等服务方式，构成以用户为中心，以信息门户为统一界面，以上述五种服务方式为主体，以多种信息资源的综合利用为目的的四层结构模式。[98]蔡史霓提出，数字图书馆的服务创新是信息时代竞争生存的必然要求，在当前信息资源日益丰富、用户需求日益多样化的现实条件下，服务创新就是要转变服务观念，创新服务机制，培育服务人才，提升服务效益。[99]

在数字图书馆个性化服务研究方面，束漫分析了目前数字图书馆个性化定制服务系统的特点及存在的问题，并根据开放环境数字图书馆个性化定制服务的基本要求，构建了基于Web服务组合机制的数字图书馆个性化动态定制服务解决方案。[100]李君君等则在用户描述文件和资源描述文件的基础上，利用协同过滤技术，获得了3种相似性的推荐算法，从理论上实现了数字图书馆向用户提供个性化推荐服务。[101]

陈光祚在研究中指出，个人数字图书馆是符合数字图书馆基本特征的小型数字图书馆，是数字图书馆的一种独特类型，是数字图书馆技术走向大众的产物。个人数字图书馆是学者网民自建自用的信息集合，具有高度的个性化和实用性，可以成为个人档案集、网络资源重新组织的工具，以及个人爱好的艺术品收藏集。他认为，个人数字图书馆有广泛的发展前途，是图书馆发展史上和图书馆学领域的新事物。[102]

余肖生等认为，用户需求模型建立和处理的好坏，是数字图书馆个性化服务成功与否的关键所在。为此，他们从需求的形式化分析着手，探求了需求信息的获取途径，并在此基础上研究了需求模型的表示及其模糊处理的过程。[103]何平等也对数字图书馆信息门户下的个性化服务模式进行了研究，以双向互动式信息服务、集成式信息检索服务、动态式馆藏特色信息服务、渗透式垂直信息门户服务、追踪式数据挖掘信息服务等模式为基础，探讨了数字图书馆个性化服务的有效模式及发展趋势。[104]

4. 关于数字图书馆技术的研究

在数字图书馆安全的研究方面，朱强从 UTM（United Threat Management，统一威胁管理）和 SOC（Security Operation Center，安全运营中心）的角度阐述了构建数字图书馆安全管理体系的现实依据、实现目标及实施方法，并提出了数字图书馆安全管理体系构建的流程等。[105]李留英则从数字图书馆面临的内容安全威胁、信息资源分级标准的制定、内容安全技术、内容安全监控体系建设等方面对数字图书馆的内容安全问题进行了研究。[106]

关于本体（Ontology）方面的研究，刘佳在分析目前数字图书馆缺点的基础上，说明了基于知识的数字图书馆的构成，提出了将本体运用于数字图书馆的思想，并着重探讨了本体在基于知识的数字图书馆中所发挥的功能。[107]肖洪等在总结运用本体构建知识管理系统所具有的优势的基础上，提出了基于本体的数字图书馆知识管理系统的总体架构和各主要模块的设计思路，介绍了如何采用 HP 公司的 Jena 开发包实现系统的各个模块，并给出了系统实现中的主要技术要点。[108] 他们还以数字参考咨询为例，探讨了数字图书馆领域本体构建的必要性，介绍了构建领域本体的知识工程方法中的“七步法”，给出了数字参考领域本体框架，并采用 OWL 语言和 Protégé 工具实现了对领域本体的形式化描述。[109] 刘柏嵩也提出了一种面向数字图书馆的本体自动构建方法：首先从因特网数据中找出本体语义概念的模式及其关系，然后通过构建概念分类体系来自动抽取数字图书馆的各类本体。具体步骤是：术语选择、抽取本体概念、语义关系抽取、分类体系构建、本体构建和本体修剪及评价。[110]

关于数字图书馆存储技术，李宇等提出了数据备份和容灾的概念、技术、策略，为数字图书馆系统提供了数据备份和容灾的原则和方法。[111] 刘玉照等分析比较了 SAN 与 NAS 两种网络存储模式的性能，给出了二者混合的解决方案，并提出了数字图书馆网络存储系统的设计原则。[112] 林桂娜等则对存储系统的控制器、存储架构、CHCHE、接口、链路、相关软件以及主流产品的技术特点作了全面的比较研究，结合数字图书馆的需求分析，为数字图书馆存储系统的建设作了具有可操作性的理论探讨。[113]

关于数字图书馆的检索技术，王燕概述了 GIS 技术在北大古籍数字图书馆系统中的应用，指出该系统结合了 GIS 检索技术后，用户可以通过 GIS 检索拓片，并可清楚地知道其分布情况，从而突破了传统的文字检索模式，也使历史文化资源的时空特性得到了充分的揭示。[114] 许春漫结合向量空间技术、Agent 技术、Web 日志挖掘等技术提出了一个基于概念的数字图书馆个性化信息检索模型。该模型根据用户主动提供的初始信息建立基于概念的用户兴趣模型，同时利用用户对文档的主动评价和用户的访问行为对模型进行更新。用户兴趣模型可用于检索结果的相关度排序和最新信息的推荐。[115]为了减少用户在获取网络信息时可能遇到的噪音信息，焦玉英等构建了一个基于信息过滤技术的数字图书馆模型，它主要包括信息检索模块和信息过滤模块，她特别指出，信息过滤技术不仅能够提高网络信息查询的准确度，还将在数字图书馆的个性化服务中发挥重要作用。[116]

张付志等对数字图书馆的包装层进行了研究，指出包装层是对应于特定信息源的一种特殊程序，是实现异构信息源集成的关键。数字图书馆的包装层可以作为数字图书馆的智能前端代理，负责把来自中介层的统一查询映射为针对具体数字图书馆的查询格式，并从获得的查询结果中提取出用户需要的信息交给中介层。他们的这项研究还涉及到数字图书馆包装层生成的关键技术，如查询映射机制、查询服务调用机制、结果提取与转换机制等。[117]

李春旺等对数字图书馆集成化服务机制的研究，在系统分析了当前数字图书馆服务中的问题以及国内外的解决办法之后，说明了建立集成化服务平台的必要性。在此基础上，他们结合 CSDL 国防科技信息服务系统、集成期刊浏览目录等的建设经验，总结了集成化服务平台设计的思路与实现方法，探讨了基于知识库的集成化服务调度机制以及基于 OpenURL 的开放式、集成化原文传递机制及其相关技术。[118]魏大威等也综述了集群技术的发展趋势，并以中科院计算所的 Phnonix 异构集群系统在数字图书馆建设中的应用为例进行了具体论述，提出了如何在数字图书馆环境下利用异构集群系统构建集群管理框架，并在广域网环境下提供网格计算虚拟平台和海量数据检索引擎的具体思路。[119]

5. 关于数字图书馆运营模式的研究

关于数字图书馆的运营模式，李保珍等从数字图书馆运行成本角度出发，分别从公益和营利两个方面，对数字图书馆在这两者之间的定位进行了探讨，认为数字图书馆既要考虑到由于公益性程度偏大造成的技术、信息更新以及管理等方面成本的增加，又要兼顾到由于营利程度的偏大而造成的收费门槛，从而导致机会成本以及社会成本的增加。而由于服务对象以及服务方式等的差别，不同的数字图书馆在公益性和营利性两方面的成本曲线变化趋势有所不同，对于具体数字图书馆的建设和运营，应以成本最低为出发点，选择在公益性和营利性二者之间的最佳平衡。[120]

张秀兰等指出，国家投入的运营模式及市场化的运营模式是我国数字图书馆目前主要的两种运营模式，由于国家对数字图书馆建设的投入有限，我国数字图书馆的企业化运营正在成为一种趋势，但一些矛盾和问题也随着数字图书馆的企业化而不断地涌现出来。[121]为此，何小峰的研究从经济运营的角度论述了数字图书馆的投资运营模式，将其归结为对数字图书馆的成本分担问题。他认为，应该以现有的投资运营模式为基础，分阶段由不同的相关利益群体来分担数字图书馆运营的相应成本。[122]

6. 关于数字图书馆评价的研究

刘廷元等认为，数字图书馆的评价采用不同认知理论和方法会得出不同的结论，他们从认知信息科学角度，对评估主体的认知前提和约束特性进行了分析，探讨了评估过程中的基础性评估与信息熵之间的相互关系，讨论了模糊信息认知处理及其可靠性。[123]

张玲等的研究从基于计算机领域信息系统评价的数字图书馆项目评价、基于数字资源与服务使用计量的数字图书馆评价、基于服务评价的数字图书馆评价三方面梳理和总结了国外已有的数字图书馆评价实践，并从指标特征、指标内容、评价方法等方面对国外的数字图书馆评价实践进行了分析。[124]王涛水则将研究的焦点集中在数字图书馆客户满意度指数测评上，试图通过客户满意度指标体系的设计、客户满意度评价标准的制定、客户满意度指数的计算和客户满意度指数的测评等4个方面来实现对数字图书馆的评价。[125]吕娜等也通过对数字图书馆用户满意度的影响因素分析，构建了一个数字图书馆用户满意度模型，并利用该模型对某大学数字图书馆的用户满意度进行了测定。[126]

黄水清等将国际标准（ISO/IEC27001：2005）中的信息安全风险评估方法应用于数字图书馆，对数字图书馆信息资产的普遍特征进行了分析，对其功能框架中的重要信息资产实施了风险评估，试图以此为依据建立一个通用的数字图书馆信息资产风险评估实施模板，有较强的现实意义和实用价值。[127]

五、图书馆法制建设研究

2006年9月发布的《国家“十一五”时期文化发展规划纲要》给我国的图书馆立法工作带来了新的动力。“纲要”在谈到文化事业的保障措施时，提出了要加强文化立法，而“纲要”规划的文化立法一共有六部，其中“图书馆法”列在第二位。正是在这样的形势和背景下，2006年我国图书馆界关于图书馆法制建设的研究开展得有声有色。

1. 围绕《中华人民共和国图书馆法》立法而进行的研究

《图书与情报》杂志2006年第一期组织了“图书馆法专家笔谈”，许多学者就图书馆立法的重要问题发表了精辟的见解。李国新呼吁全国图书馆界要统一思想，凝聚力量，瞄准立法迫切需要解决的重点问题协作攻关，重点突破，以扎实的研究成果服务于立法工作，力促“图书馆法”早日出台。[128]肖燕认为图书馆法立法的基础，一是宪法条款内容明确涉及图书馆的专指条款和与图书馆运行发展密切相关的间接条款，二是各级政府制定和颁布的一系列政策法规。图书馆法的现实需求是适应政府职能与社会管理模式的转变，提高公共资源投资效率，调节利益关系。[129] 图书馆立法工作的基础性研究，概括起来至少应当包括以下四大方面的内容，即对国外图书馆立法状况进行调查分析、对国外的图书馆法进行翻译、加强图书馆立法的实证分析研究、加强对图书馆法的语义分析研究。[130] 翟建雄指出，图书馆法调整的范围应当包括政府、公众、出版者、作者、捐赠人、资助人、信息服务商与图书馆之间的权利与义务关系，参考国外图书馆立法的经验，我国在构建图书馆法立法体系时可以考虑制定“国家图书馆法”、“公共图书馆法”和“出版物缴存法”等。[131]

也有一些研究者从不同的视角对图书馆立法的具体问题进行了研究，提出了一些很有价值的观点。如苏宏指出图书馆立法原则和立法的价值应当坚持无偿性、公益性等内容。而随着社会的发展，国家也必然要鼓励社会与个人图书馆的设立，因而，图书馆法应当着眼于为公共性图书馆立法，其他性质的图书馆可由民法来调整。[132] 赵兰玉从法理学的角度分析了图书馆立法的局限，表现在：法滞后于社会现实；利益争斗和对抗的妥协性，由于法律实质上是国家意志表现出来的统治集团的共同意志，法律存在难以克服的诸多缺陷；移植的技术性缺陷，由于中国特色是在实践中探索的，要完全摆脱“西方化”而创造“本土化”的法律模式，现实可能性不大，难免会留下僵化移植的痕迹；语言的周延性欠缺。针对图书馆立法存在的自身难以克服的诸多局限性，提出要重视政治、经济因素对法实施的影响；重视社会成员的综合素质对法实施的影响；重视权利运用对法实施的影响，以此来弥补图书馆立法的不足。[133] 周九常在我国图书馆立法受挫之际，对一些基本问题重新加以认识。他认为我国图书馆立法的社会必要程度没有图书馆界所想象的那么高；图书馆立法心理欠健全，表现为攀比心理、急躁心理、自我心理和侥幸心理；我国图书馆立法的行为路线是一种急于求成心理作用下的“捷径路线”。这些都在一定程度上阻碍和影响了图书馆立法进程。因此，要做到：1）回到起点，并准确定位；2）讲究宣传的策略；3）引入外部的力量加以促动；4）加强公关力量，开展公关活动；5）摆脱急躁冒进的思想，准备做艰苦细致的工作；6）消除挫折感，振作起来，认定目标不放松。[134]

2. 围绕《信息网络传播权保护条例》的制定和实施而进行的研究

2006年5月10日国务院第135次常务会议通过了《信息网络传播权保护条例》（以下简称《条例》），而围绕《条例》颁布前对《条例（草案）》的修改和《条例》颁布后的具体实施，我国图书馆界开展了大量的研究。

对于《条例（草案）》的修改，李国新指出，图书馆界与出版界、数据库开发商对该草案中的“四、六条”持有不同的看法。图书馆界总体上持赞成态度。图书馆界对该草案的主要意见和建议有：1）将草案中的“公共图书馆”改为“公益性图书馆”；2）“按照规定支付报酬”的规定应该和图书馆收藏该作品的复本量挂钩。只有超过的部分才谈得上“支付报酬”。图书馆界还认为，信息网络传播权在图书馆的限制和例外主要包括：1）馆内传播的合理使用；2）馆外传播的法定许可权；3）有限的自行数字化部分馆藏作品的权利。他认为，保护权利与促进传播绝不是相互对立的，权利人的权利只有通过传播才可实现，即所谓“无传播就无权利”。[135]肖燕对公益性图书馆网络传播豁免诉求及其合理性进行了分析。她认为从公益性图书馆的馆藏来源看，绝大多数作品都是通过正规市场渠道获得的，作为公益性非营利机构，图书馆利用国家的公共投资或私人的公益捐资购买作品时，权利人通过创作、出版或发行作品获得报酬的权利已经得到了实现。如果图书馆在提供馆藏作品的网络浏览时，可以同时接触某一作品的读者人数并不超过本馆所购买的该作品的复本量，而且采取了技术手段限制对作品的复制，那么，这种网络传播行为就不会对图书销售市场形成巨大的冲击和影响。[136]而王景发认为贫困地区县级图书馆的生存状况极大地限制了其保障公民信息权利的获取、公民信息素质的提高以及消除信息鸿沟等职能的发挥。利用现有网络资源和数据库资源是贫困地区县级图书馆改善生存条件，提升服务能力的不二法门。而网络传播权的过度保护给贫困地区县级图书馆的发展和消弭数字鸿沟设置了巨大障碍。保障图书馆适度的网络传播豁免，对县级图书馆的发展和改善贫困地区的信息环境、消除信息贫困具有重大的意义。[137]

陈传夫也在《图书情报知识》杂志上就《条例（草案)》组织了"网络环境下信息公共获取的法律保障"专题讨论。[138]他指出，信息网络传播权不应偏离自己的立法目标。为此，应该保留图书馆对已经收藏作品数字化的权利，应该保留草案中有关合理使用的规定，以协调网络传播与公共利益的平衡，促进社会信息资源的广泛交流与社会文化产业的整体进步。肖冬梅侧重从宏观层次上论述了图书馆信息网络传播权的合法性、正当性与合理性；冉从敬侧重从中观层次探讨了图书馆豁免范围扩大的必然性与草案中具体制度的设计缺陷；吴志强则侧重从微观层次分析了技术措施的局限性并提出了对草案的修改建议。

在《条例》颁布实施之后，相关研究主要集中在对《条例》制定的回顾及图书馆的措施方面。肖燕在《图书馆界参与信息网络传播权立法的实践》一文中回顾了国际国内信息网络传播权保护立法的背景与进程，介绍了我国图书馆界参与《信息网络传播权保护条例》制定工作的过程及其影响，分析了我国图书馆界对信息网络传播权豁免条款的认识误区，提出了图书馆界在保护信息网络传播权方面面临的任务，给出了图书馆著作权解决的方案与对策。她认为图书馆界以前所未有的热情参与信息网络传播权立法活动，呼吁将著作权法的合理使用条款拓展到网络传播环境，充分表达了图书馆界坚持平衡著作权保护的立场。《条例》中图书馆相关豁免条款的设置，证明图书馆界集体参与立法活动是卓有成效的。[139]

秦珂认为，《条例》的实施对图书馆而言是有喜有忧，喜的是《条例》在一定程度上代表了图书馆人的意志、愿望和理念，长期以来悬而未决的数字图书馆著作权问题终于尘埃落定，有了明确、可资操作的法律依据，图书馆不必再在茫然之中如履薄冰地去试探法律的底线；忧的是《条例》在合理使用方面沿袭了《著作权法》封闭的立法模式，赋予图书馆的权利相对于扩张的信息网络传播权来讲还较少，图书馆数字技术优势的彰显仍然受到很大制约，法律风险不可避免。但是，法律就是准绳，在著作权制度作出了新的调整的法律环境中，图书馆人理性的做法应该是更科学地选择在法制化轨道上实现其不可替代的社会使命的途径和方法，使自己的行为囿于法律规范之内。[140]李国新也指出，随着《条例》的实施，图书馆界面临的新任务是：第一，需要认真清理图书馆活动与信息网络传播权保护相关的事项，研究在现行法律框架内，图书馆活动能做什么，不能做什么，认真负责地执行《条例》，建立起服从于现行法律法规的行业自律机制，展现图书馆作为一个负责任的社会公共机构的形象；第二，需要以实践检验《条例》对图书馆活动以及知识和信息通过图书馆向公众传播的影响，检验《条例》在保护权利人、权利持有人利益以及保障公众知识和信息获得权实现之间的平衡是否得当，以图书馆活动的实践证明“无传播就无权利”，证明促进传播是促进权利实现的最好方式，限制传播实际上是限制权利实现，限制产业发展；第三，继续广泛有效地向全社会传播图书馆界在著作权保护问题上的理念与呼声。[141]同时范并思也撰文指出,《条例》的制定是一项完善知识产权保护法律体系的立法活动,是对现行法律体系的修正。图书馆界在知识产权领域所诉求的是民众的权利,图书馆界所诉求的主张是国际教育、科学和文化界的共同诉求。[142]

3. 围绕网络环境下著作权立法而进行的研究

近年来,由于图书馆立法和相关规定的滞后,图书馆在网络著作权的管理方面遇到了许多问题。2005 年 7 月,中国图书馆学会发布《关于网络环境下著作权问题的声明》,表明了我国图书馆界对网络著作权问题的关注,并试图通过图书馆界的努力影响国家关于网络著作权的立法进程。以此为契机,许多研究者围绕网络环境下著作权保护和图书馆的合理使用等问题进行了大量的研究,取得了不少研究成果。

杨屹东认为,网络环境下著作权问题已经成为数字图书馆发展的主要瓶颈,这一问题能否解决不仅关系到图书馆能否为公众提供更加优质的服务,还决定了未来数字化建设中图书馆的地位和作用。如果我们认同国际图联倡导的“数字的不是不同的”这一基本原则,那么作为公益性质的传统图书馆的延伸,数字图书馆同样应当具有公益性质。在这种情况下,推动图书馆的立法进程,明确图书馆在网络著作权方面的权利与义务,是一种现实的选择。同时,我们也应该争取在著作权法再次修订时为图书馆的合理使用保留更大的空间。[143]

闫李政的研究从电子期刊数据库著作权保护的法律认定入手,分析了电子期刊数据库著作权取得的方法,提出了著作权保护的法制改革途径,主张建立延伸性集体管理制度,建立特许性法定许可制度,建立非独创性数据库著作权保护制度。他认为,对数字图书馆无独创性电子期刊数据库的著作权进行有效保护,是借鉴美国、瑞典等国家的做法,把非独创性数据库的保护纳入著作权法，这样才能实现“国际接轨”。[144]

马海群的研究从数字图书馆的基础设施建设和信息资源建设入手，分析了现行的网络信息法规和著作权法对数字图书馆建设的适用性问题，明确指出现行著作权制度对数字图书馆建设并不适应，因而提出了我国著作权法制建设应以效率为导向的观点，建议采用合理使用、法定许可和授权要约相结合的方式，以增强著作权制度对数字图书馆建设的适用性。[145]

韩桐提出，要妥善地解决图书馆与著作权的问题，立法者必须明确，图书馆是不营利的，而读者到图书馆不外乎学习、研究、欣赏，这恰恰是著作权法规定的合理使用。既然读者享有合理使用权，那么图书馆也自然应该享有合理使用权。这个认识是解决图书馆与著作权问题的关键。[146]

滕斌等认为导致产生知识产权问题的主要原因：缺乏配套的法律法规；知识产权执法难度较大；知识产权犯罪问题日益严重。解决知识产权问题的主要对策有：建立与数字图书馆配套的知识产权法律体系；利用《著作权法》中的“法定许可”合理使用；取得出版社授权；建立著作权集中管理组织；技术支持知识产权保护。对中国数字图书馆工程建设中的知识产权保护问题，应该从立法上和技术上着手，图书馆界应该积极参与到知识产权保护相关法律的建设和普及中去。[147]

翟建雄认为开放存取（Open Access）是近年来国际学术界、出版界和图书馆界为推动科研成果和学术作品通过开放的互联网络为公众免费、无法律和技术障碍自由传播而提出的一项版权解决方案，其目的是打破目前由于科研信息的封闭交流和有偿使用所造成的信息获取的不平等，促进科研人员之间及其与公众之间的学术信息交流，提高科研经费和科研成果的利用率，实现国家科学文献的永久保存和利用。他的研究从开放存取运动的策源地——美国的版权法中对“政府作品”版权除外规定的分析入手，围绕开放存取所涉及的版权问题，分别介绍了美国有关开放存取的立法活动、社会各界的不同反应和目前国际学术界提出的几种替代解决方案，并据此给出了我国图书馆界可以考虑采取的措施。[148]

许波在研究中考察、分析了已经在国外图书馆实施的公共借阅制度和版权补偿金制度的立法背景、内容及其特征，试图给我国的数字版权立法以借鉴。他建议通过对《著作权法》的修改，变权利许可体系为报酬请求权体系，使图书馆在作品数字化、网络传播方面享有例外的权利；要结合中国的具体国情，开展版权评价和版权认证；可以先在数字化复制与网络视听作品传播方面试行补偿金制度，并规定从补偿金中提取一定比例用于发展相关的文化产业。[149]

4. 关于《公共图书馆建设标准》的研发

“十一五”期间，公共图书馆迎来了新一轮建设高潮，为了保障、指导、规范公共图书馆的建设，2006 年 4 月，由国家发展改革委员会和建设部主管，文化部主持，中国图书馆学承担具体编制工作的《公共图书馆建设标准》研发项目正式启动。从历史上看，这种由图书馆界直接为政府部门研发相关标准的活动为数并不多，因此可以说意义重大。该《标准》主要内容包括：编制目的、依据、作用、适用范围、建设原则、建设总体要求及与其相关的先行国家标准的关系；按图书馆等级划分制定相应的标准；参照各地区 GDP 值、经济状况、地理位置、土地面积、人口密度、人员知识结构和层次、周边文化设施、人文环境和自然环境确定选址与建设用地要求；参照《图书馆建筑设计规范》及建设部相关标准制定建筑标准；图书馆构成和装修标准；室内服务设施与建筑标准；设备设施及配套设施标准等。经过一年的努力，通过借鉴国外经验、进行实地调研、整理分析各种数据和参考国家相关政策，《公共图书馆建设标准》的条文初稿和条文说明已经完成。在研发标准的同时，还取得了《关于公共图书馆建设标准规范分级与面积指标研究》、《我国不同地区公共图书馆现状》、《我国公共图书馆自动化、网络化和数字化建设发展现状》、《公共图书馆建设标准实地调查报告》等专项研究成果。目前《公共图书馆建设标准》正在全国范围内广泛征求意见，不久即将正式颁布。

《公共图书馆建设标准》规范了公共图书馆的建设、布局、选址，同时，它的许多指标对公共图书馆服务又有很好的参考价值。毋庸置疑，该标准的研发对我国公共图书馆建设和图书馆事业发展必将产生重要的影响。

5. 关于图书馆员职业资格认证的研究

2006年有关图书馆员职业资格认证的研究仍然吸引了不少研究者的注意力，并取得了一些新的研究成果。如赵兰玉通过对“职业”和“专业职业”的概念辨析，对照职业“专业化”的普适标准和特征，推导出目前我国图书馆职业是半专业性的结论。她认为，要优化图书馆人力资源，必须走图书馆职业专业化的道路，要自上而下树立馆员专业化理念，因此必须尽快在我国实行图书馆职业资格认证制度。[150]胡京波则从图书馆行业组织在图书馆员职业资格认证中的作用入手进行了相关研究。他在分析英国、美国、日本、韩国图书馆协会在图书馆员职业资格认证中如何发挥作用的基础上，说明了我国图书馆学会应该加快步伐，在行业标准的制定和推行中担当重任的必要性，建议中国图书馆学会要积极推进职业资格认证与开展行业培训工作。他认为，为了推动我国图书馆员职业资格认证制度的建立，中国图书馆学会有必要成立专业管理机构，建立职业资格认证体系，规定职业资格考试的内容和手段，承担考前培训工作，并要积极向政府主管部门提出建议。[151]他还进一步从法律保障、专业管理机构与现行制度、图书馆员职业资格认证与图书馆专业职称的关系、历史遗留问题、考试内容与考试手段、图书馆员的继续教育、用人单位执行政策和国外先进经验与我国实际情况等8 个方面，阐述了我国图书馆实施职业资格认证将遇到的主要问题和解决办法。[152]

参考文献：

1. 叶鹰．科学化图书馆学及其问题建构．中国图书馆学报，2006（2）

2. 杨文祥．关于图书馆学学科性质的再探讨．四川图书馆学报，2006（6）

3. 黄宗忠．图书馆学基础理论的再探讨．图书馆论坛，2006（6）

4. 周九常．图书馆学对象研究：审问与批判．大学图书馆学报，2006（2）

5. 施强，蒋永福．论图书馆知识序化——近期国内相关研究述略．图书馆理论与实践，2006（4）

6. 柯平．基于知识资源论的图书馆学基础理论体系研究．中国图书馆学报，2006（2）

7. 张晓林．重新定位研究图书馆的形态、功能和职责——访问美国研究图书馆纪行．图书情报工作，2006（12）

8. 王子舟．公共知识空间与图书馆．中国图书馆学报，2006（4）

9. 龚蛟腾．知识管理学：图书馆学之上位学科．中国图书馆学报，2006（5）

10. 程焕文，周旖．迈向图书馆行业自律时代——关于图书馆职业道德与图书馆权利的几点思考．国家图书馆学刊，2006（3）

11. 施强．关于图书馆权利基本问题的探讨．图书情报工作，2006（12）

12. 杨斌．图书馆权利研究论纲．图书馆建设，2006（3）

13. 范并思．图书馆精神学习札记．图书与情报，2006（6）

14. 杨文祥．论当代图书馆与当代图书馆精神．图书馆，2006（1）

15. 汪洋．中国公共图书馆精神的哲学式解读．图书馆，2006（2）

16. 韩毅，刘丽．图书馆精神的历史积淀与层次性分析．图书馆，2006（1）

17. 蒋永福，李京．信息公平与公共图书馆制度．国家图书馆学刊，2006（2）

18. 蒋永福．政府与公共图书馆——关于图书馆制度的一种规范分析．中国图书馆学报，2006（4）

19. 吴慰慈．公共图书馆在构建和谐社会中的作用．图书馆，2006（1）

20. 蒋永福．图书馆自由：定位及其责任主体．图书馆，2006（5）

21. 韩松涛．信息自由与经济平衡发展的关系研究．图书馆，2006（4）

22. 王子舟．知识贫困及其对弱势群体的影响．图书馆，2006（4）

23. 郭海明．知识弱势群体与图书馆知识援助．图书馆建设，2006（1）

24. 韩继章．图书馆人文精神：从理论走向实践．新世纪图书馆，2006（5）

25. 于良芝．探索公共图书馆的使命：英美历程借鉴．图书馆，2006（5）

26. 李超平．我国公共图书馆历史定位之反思——兼评 21 世纪新图书馆运动．图书馆，2006（2）

27. 韩继章．中国图书馆百年史中的三次思想启蒙．图书馆，2006（1）

28. 吴稌年．关于“新图书馆运动”的概念．图书情报知识，2006（5）

29. 王旭明．20 世纪“新图书馆运动”述评．图书馆，2006（2）

30. 韩继章，刘芳，王旭明等．一代图书馆学人的心路历程——纪念首届中青会 20 周年．图书馆，2006（4），（5）

31. 范并思．图书馆学“新启蒙”进程中的一次标志性会议．图书馆，2006（4）

32. 刘兹恒．论中国图书馆学历史传统的传承．图书馆论坛，2006（6）

33. 蒋永福．制度缺位：中国图书馆事业发展的瓶颈．国家图书馆学刊，2006（1）

34. 胡昌平，姜益民．基于可持续发展的图书情报事业战略构建．图书情报知识，2006（2）

35. 张晓林．建立面向变化和可持续创新的发展管理机制．中国图书馆学报，2006（1）

36. 许建业．当代大众文化背景下的中国公共图书馆——人文视野中的公共图书馆发展之思考．图书馆，2006（6）

37. 梁灿兴，卢儒珍．试论公共图书馆事业发展中政府财政支持的变迁．图书馆，2006（3）

38. 李超平．先进的城市文化需要公共图书馆事业的同步发展．图书馆建设，2006（3）

39. 范并思，胡小菁．图书馆 2.0：构建新的图书馆服务．大学图书馆学报，2006（1）

40. 程亚男．图书馆服务的人文分析与评判——三论图书馆服务．中国图书馆学报，2006（3）

41. 肖希明．构建和谐的图书馆服务文化．图书馆建设，2006（1）

42. 陈力．公共服务中的图书馆服务．中国图书馆学报，2006（1）

43. 黄俊贵．公共图书馆的服务原则及其实践．中国图书馆学报，2006（6）

44. 肖希明．信息资源建设：概念、内容与体系．中国图书馆学报，2006（5）

45. 金胜勇，于淼．基于共建共享的文献信息资源建设理论的构建．中国图书馆学报，2006（4）

46. 胡昌平，汪会玲．信息资源的异构整合及其对平台建设的要求．中国图书馆学报，2006（3）

47. 邓胜利．网络信息资源整合的战略分析．中国图书馆学报，2006（2）

48. 陈能华，周永红，陈书华．美国信息资源共享市场的发展及启示．中国图书馆学报，2006（5）

49. 王卫，婧培栋．图书馆图书采购模型的探讨与应用．中国图书馆学报，2006（4）

50. 臧国全．图书馆信息资源数字化内容选择原则研究．图书情报知识，2006（1）

51. 查炜．社科文献信息资源建设的原则与对策．情报资料工作，2006（5）

52. 刘兹恒．文献资源建设中一个具有重要历史意义的会议——纪念全国文献资源布局学术讨论会 20 周年．图书馆，2006（6）

53. 李雄飞，吴晓云．北京大学图书馆古籍修复工作之思考．大学图书报，2006（4）

54. 赵奇钊，章小萍．经济不发达地区公共图书馆古籍保存现状及对策研究——以湘西自治州七县一市图书馆为例．图书馆，2006（2）

55. 奚可桢．从建筑学角度探析古籍保护方法．东南文化，2006（2）

56. 徐清，王唯．近十年古籍书目数据库建设研究概述．图书情报知识，2006（5）

57. 王立清，董梅香，肖卫飞．港台地区古籍数字化现状分析及启示．图书情报工作，2006（8）

58. 王燕．浅谈数字图书馆中的图形化查询技术——GIS在北京大学古文献资源库中的应用．大学图书馆学报，2006（1）

59. 郑章飞．从书院文化数据库建设看古籍文献数字化．图书馆，2006（6）

60. 程佳羽．古籍全文数据库的理想实现模式．图书馆建设，2006（3）

61. 赵伯兴．网络环境下文献编目的成本效益分析研究．图书馆，2006（2）

62. 程焕文，姜瑞其．谈图书馆采编业务外包．图书情报工作，2006（1）

63. 都平平．学科门户网络资源关键著录元素探讨．情报理论与实践，2006（5）

64. 陈树年．网络信息组织与《中国图书馆分类法》搜索引擎版研制．中国索引，2006（1）

65. 谭忠顶．二叉分类号——二叉树在图书分类法中的应用．大学图书馆学报，2006（4）

66. 马张华．论中文信息动态自动聚类的特点和方法体系．中国图书馆学报，2006（6）

67. 何琳，侯汉清．基于标引经验和机器学习相结合的多层自动分类．情报学报，2006（6）

68. 冯璐，冷伏海．共词分析方法理论进展．中国图书馆学报，2006（2）

69. 戴剑波，侯汉清．文献分类法自动映射系统的构建——以《中国图书馆分类法》与《杜威十进分类法》为例．情报学报，2006（5）

70. 王翠波，张玉峰．基于语义网的信息组织与智能导航研究．中国图书馆学报，2006（3）

71. 包冬梅．网络信息语义组织和检索的实现路径．图书情报工作，2006（12）

72. 陈谷川，陈豫．语义网知识组织系统的研究与构架．现代图书情报技术，2006（4）

73. 王萍，宋雪雁．EAD、DC、TEI著录实例及其比较分析．图书情报工作，2006（12）

74. 江汇泉．DC元数据图书馆应用中的编码实现——限定性DC的编码实现．图书馆杂志，2006（3）

75. 高嵩，张智雄．PREMIS 保存元数据体系分析．现代图书情报技术，2006（4）

76. 宋涯含，延清．基于 DC 的医学资源元数据方案．现代图书情报技术，2006（3）

77. 郝继英．基于概念图组织的中国艾滋病信息门户建设方案．现代图书情报技术，2006（12）

78. 郦金花．基于 CNMARC 字典库和 XML 的 MARC 发布系统的设计．情报杂志，2006（12）

79. 杜慧平等．一种新型知识组织系统——思维导图可视化词典．图书馆杂志，2006（12）

80. 周宁等．可视化技术在知识管理领域的发展．图书情报工作，2006（11）

81. 董晓慧，王希庆．基于音乐媒体属性的音乐媒体检索系统．图书馆建设，2006（2）

82. 李军莲等．基于知识组织的中国科学院学位论文应用系统的设计框架．现代图书情报技术，2006（12）

83. 欧阳剑，李冠盛．元搜索引擎原理在实现分布式虚拟联合目录中的应用研究．现代图书情报技术，2006（9）

84. 孙承鉴等．我国数字图书馆发展十年回顾．数字图书馆论坛，2006（1）

85. 镇锡惠．我国的数字图书馆研究历程．数字图书馆论坛，2006（1）

86. 姜爱蓉等．我国数字图书馆发展展望．数字图书馆论坛，2006（1）

87. 张惠．数字图书馆 CS 战略的构建．福建图书馆理论与实践，2006（1）

88. 王杰英，田辛玲．数字图书馆区域性建设发展研究．图书馆学研究，2006（6）

89. 申晓娟．数字图书馆建设模式比较研究．数字图书馆论坛，2006（2）

90. 黄明．数字图书馆的模式．图书馆界，2006（3）

91. 周敬治，杨国美，邹润生．试论我国高校知识服务型数字图书馆建设．情报资料工作，2006（1）

92. 陆宝益，陈雅，郑建民．我国高校数字图书馆建设宏观模式取向研究．中国图书馆学报，2006（6）

93. 陈亚东．数字图书馆知识服务模式的选择．中国信息导报，2006（8）

94. 孙梅．数字图书馆知识服务系统的研究．武汉理工大学学报（信息与管理工程版），2006（2）

95. 韩毅，樊志伟，李健．数字图书馆的信息资源发现与组织．情报资料工作，2006（5）

96. 龙朝阳，秦素娥．数字图书馆个性化信息组织模式构建．情报理论与实践，2006（3）

97. 杨宁．数字图书馆信息资源可持续性的再思考．图书情报知识，2006（5）

98. 王丙炎，杨思洛．数字图书馆的服务模式探析．情报杂志，2006（3）

99. 蔡史霓．论数字图书馆的服务创新．图书馆，2006（4）

100. 束漫．开放环境下数字图书馆个性化定制服务问题研究．图书馆论坛，2006（1）

101. 李君君，叶凤云．数字图书馆的个性化推荐策略．情报理论与实践，2006（4）

102. 陈光祚．个人数字图书馆：理论探讨和建库实践．数字图书馆论坛，2006（4）

103. 余肖生，周宁，张芳芳．数字图书馆中个性化服务的用户需求模型研究．情报杂志，2006（5）

104. 何平，陈有志，廖红四．数字图书馆信息门户的个性化服务模式．中国信息导报，2006（8）

105. 朱强．构建基于 UTM 和 SOC 的数字图书馆信息安全管理体系．数字图书馆论坛，2006（7）

106. 李留英，程亮，刘小波．数字图书馆内容安全关键问题研究．情报学报，2006（3）

107. 刘佳．Ontology 在基于知识的数字图书馆中的应用．情报资料工作，2006（3）

108. 肖洪，余锦凤．基于 Ontology 的数字图书馆知识管理系统的设计与实现．现代图书情报技术，2006（3）

109. 肖洪，余锦凤．数字图书馆领域本体构建研究——以数字参考咨询领域为例．大学图书馆学报，2006（6）

110. 刘柏嵩．面向数字图书馆的本体自动构建．中国图书馆学报，2006（5）

111. 李宇，唐俊．数字图书馆数据备份及容灾．现代图书情报技术，2006（2）

112. 刘玉照，刘建准，岳修志．基于 SAN 与 NAS 混合模式的数字图书馆网络存储系统研究．图书馆工作与研究，2006（5）

113. 林桂娜等．构建数字图书馆存储系统应注意的若干问题．现代图书情报技术，2006（10）

114. 王燕．浅谈数字图书馆中的图形化查询技术——GIS 在北京大学古文献资源库中的应用．大学图书馆学报，2006（1）

115. 许春漫．数字图书馆个性化信息检索模型研究．现代图书情报技术，2006（3）

116. 焦玉英，王娜．信息过滤技术在数字图书馆的应用．中国图书馆学报，2006（3）

117. 张付志，肖阳．数字图书馆包装层生成技术研究．中国图书馆学报，2006（4）

118. 李春旺等．数字图书馆集成化服务机制建设与实现．现代图书情报技术，2006（7）

119. 魏大威，詹剑峰．异构集群系统在数字图书馆中的应用浅析．现代图书情报技术，2006（8）

120. 李保珍，黎娜娜，朱庆华．赢利性与公益性的成本比较——数字图书馆建设和运行方式探讨．情报资料工作，2006（1）

121. 何小峰．数字图书馆的投资运营模式．图书馆理论与实践，2006（3）

122. 张秀兰，蒋玲．对我国数字图书馆运营模式的再思考．图书馆理论与实践，2006（6）

123. 刘廷元，任皓．数字图书馆评估中人的认知因素研究．情报科学，2006（2）

124. 张玲，孙坦，黄国彬．国外数字图书馆评价实践综述．图书情报工作，2006（12）

125. 王涛水．数字图书馆客户满意度指数的测评．情报杂志，2006（2）

126. 吕娜，余锦凤．数字图书馆以用户为中心的通用满意度模型的构建．

情报学报，2006（3）

127. 黄水清，朱晓欢．基于ISO27001的数字图书馆信息资产风险评估．图书情报工作，2006（11）

128. 李国新．凝聚力量 重点突破 以扎实的研究成果为图书馆立法提供支撑．图书与情报，2006（1）

129. 肖燕．中国图书馆立法的基础与需求．图书与情报，2006（1）

130. 江向东．应重视和加强对图书馆立法的基础性问题研究．图书与情报，2006（1）

131. 翟建雄．图书馆法的调整范围和立法架构．图书与情报，2006（1）

132. 苏宏．图书馆法本位问题探讨．图书情报工作，2006（10）

133. 赵兰玉．完善图书馆立法的法理性思考．图书馆建设，2006（4）

134. 周九常．我国图书馆立法：新的认识与策略．图书馆理论与实践，2006（3）

135. 李国新．无传播就无权利——图书馆界围绕信息网络传播权立法的呼声与行动．图书情报工作，2006（7）

136. 肖燕．公益性图书馆网络传播豁免诉求及其合理性分析．图书情报工作，2006（7）

137. 王景发．信息网络传播权——请善待贫困地区图书馆和弱势群体．图书情报工作，2006（7）

138. 陈传夫，周淑云．维系网络传播与公共利益的协调．图书情报知识，2006（3）

139. 肖燕．图书馆界参与信息网络传播权立法的实践．图书馆建设，2006（5）

140. 秦珂．关注法规 学习法规 研究法规 实践法规——写在《信息网络传播权保护条例》颁布实施之时．河南图书馆学刊，2006（8）

141. 李国新．中国图书馆法治环境构建：法律保障与行业自律——中国图书馆学会2006年年会第二分会场主题阐释．图书馆建设，2006（5）

142. 范并思．通过立法平衡知识产权的保护与利用——为图书馆学的立场辩护．国家图书馆学刊，2006（2）

143. 杨屹东．网络著作权立法与数字图书馆建设．情报资料工作，2006（2）

144. 闫李政．论数字图书馆电子期刊数据库的著作权保护．现代情报，2006（8）

145. 马海群．现行网络信息资源建设法规的适用性分析——以数字图书馆为例．图书情报知识，2006（1）

146. 韩桐．对著作权与图书馆的思考．图书馆工作与研究，2006（5）

147. 滕斌，李梅泰．浅析数字图书馆建设中的知识产权保护问题．情报学报，2006（10）

148. 翟建雄．信息开放存取中的版权问题及图书馆的对策．法律文献信息与研究，2006（4）

149. 许波，马海群．公共借阅权制度与数字版权补偿金制度的理性思考．情报资料工作，2006（4）

150. 赵兰玉．我国图书馆员专业化程度探析．图书馆建设，2006（1）

151. 胡京波．图书馆学会在实施图书馆员职业资格认证中的作用．图书馆论坛，2006（6）

152. 胡京波．我国图书馆实施职业资格认证将遇到的主要问题．图书馆理论与实践，2006（5）

（参加本课题研究的成员还有：湖南大学图书馆涂湘波、湖南图书馆韩继章、北京大学信息管理系博士生茆意宏、刘璇、潘梅、高丹等）

分报告八：中国图书馆学会

中国图书馆学会是由全国图书馆及相关行业或机构科技工作者自愿结合成立的全国性、公益性、学术性、非营利性的群众团体，是党和政府联系图书馆工作者的桥梁和纽带，负有孕育创新思想、激发创造活力的重要功能，承担着促进学科发展和人才成长、推进自主创新、传播科学文化、规范学术行为、促进学术生态建设、提供服务和反映诉求等重要职责，因此，中国图书馆学会是我国图书馆事业发展中不可或缺的、发挥独特作用的一支重要力量。截至2006年底，学会的个人会员近万人，团体会员215家；已成立了专业图书馆分会、高校图书馆分会、党校图书馆委员会、军队院校图书馆委员会、工会图书馆委员会、团校图书馆委员会、医院图书馆委员会和中小学图书馆委员会8个分支机构；全国30个省（自治区、直辖市）建立了省级图书馆学会（除台湾、海南以外），各地（盟州）和部分县也建立起相应的图书馆学会，总计约300个。从而形成了以中国图书馆学会为主干，各分支机构为枝干，各地方学会为辅助，全国会员为基础的组织网络。

2006年，是实施国家“十一五”规划和贯彻落实学会“十一五”规划的第一年，也是中国图书馆学会第七届理事会成立后的第一个工作年。在中国科协和第七届理事会的领导下，在文化部、国家图书馆的支持下，学会贯彻落实科学发展观，以共建和谐社会为导向，以满足社会文化教育需求，满足广大会员和图书馆工作者需求为出发点，立足服务，搭建平台，增强能力，扩大影响，开创了学会工作的新局面。

一、基本概况

2006 年，由于科普与阅读指导委员会及下设专业委员会正式成立，使学会所属专业委员会总数增加了 6 个；全国个人会员比 2005 年增加 331 人，团体会员增加 24 个；在经费筹集方面，申请中国科协各类项目比上年增加 1 个，中国科协资助拨款的项目总额比 2005 年增加 14.8 万元。

举办国内学术交流会议比 2005 年增加 17 次，总参会人数增加 1661 人次（但其中境外参会人数减少 14 人次），交流学术论文总数增加 32 篇（但交流境外作者学术论文减少 2 篇）；举办国际学术交流会议 1 次，总参会人数 150 人（其中境外参会者 7 人），交流学术论文 9 篇（其中交流境外作者学术论文 4 篇）。

举办科普展览比 2005 年增加 1 次，参观总人数增加 30 000 人次；举办科普宣传 2 次，与上年持平，但由于学会动员了更多的图书馆共同参与此类活动，因此工作人员比上年增加 16 人次。

接待国外来访团组比 2005 年增加 2 个，来访总人数增加 16 人次；派往国外访问团组增加 1 个，出访总人数增加 68 人次。

举办培训班比 2005 年增加 8 个，培训总人数增加 201 人，而其中首次开展的中国图书馆学会志愿者行动“基层图书馆馆长培训”是一次创举；向政府有关部门以书面形式正式反映建议 1 次（即《关于对〈信息网络传播权保护规定〉的意见》），这也是一次零的突破。

主办期刊（含内部刊物）总印数比 2005 年增加 3700 册；编著学术论文集比上年增加 2 种，总印数增加 1000 册，发表论文总数增加 154 篇；学会主办网站浏览人数增加 66 135 人次，反映学会工作得到更多人士的关注。

二、特色工作

1. 完善管理机制，为开展学会各项活动提供有力的组织保证

学会的执行机构是理事会和常务理事会，因此，紧密依靠理事会和常务理事会是学会开展各项工作的根本。2006 年，根据《中国图书馆学会理事建议案审理小组人员构成及管理方法》首次正式实施“理事建议案”：理事提出建议，审理小组拿出初步意见后，提交理事会审议并通过建议案受理者及解决方案，在下一届理事会上追踪问效。今年共收到 8 项“理事建议案”，内容涉及学会荣誉体系的建立、学会专项资金的设立、学会干部的教育培训、志愿者队伍的建设、就业内工作向政府部门建言献策等，理事会审议通过其中 7 项建议案的受理者及解决方案。通过实施“理事建议案”，体现了民主办会的宗旨，调动了理事们参与学会工作的热情，促进了学会工作的深化。

在制度建设方面，制定或修订了《中国图书馆学会“十一五”期间工作规划》（修订稿）、《中国图书馆学会个人会员管理办法》、《中国图书馆学会理事会成员罢免、增补、更换规定》（修订稿）、《中国图书馆学会常务理事会职权及工作规则》（修订稿）和《中国图书馆学会团体会员管理办法》（修订稿）等学会规章制度，并编印《中国图书馆学会管理文件汇编》下发全体理事、各分支机构和地方学会，使学会的组织管理机制日趋完善。

《中国图书馆学会“十一五”期间工作规划》（修订稿）是其中最重要的一个纲领性文件。在 2005 年召开的中国图书馆学会第七次会员代表大会上，与会代表曾对此规划的建议稿进行了热烈讨论，提出了许多诚恳的、建设性的意见。之后，秘书处会同有

关方面专家对建议稿作了进一步的修改与补充。规划的修订稿最终在2006年2月召开的七届二次常务理事会上审议通过。《中国图书馆学会“十一五”期间工作规划》是根据《中共中央关于制定国民经济和社会发展第十一个五年规划的建议》、《关于深化文化体制改革的若干意见》和中国科协的有关精神，参照《中国图书馆学会“十五”期间工作规划》（2001年制订）的完成情况与总体目标而制订的，明确了2006—2010年这五年当中学会工作的指导方针、总体目标和主要方面。规划中指出“十一五”期间学会工作的指导方针是：坚持以邓小平理论和“三个代表”重要思想为指导，坚持科学发展观，坚持“百花齐放，百家争鸣”的方针，充分发挥学会的整体优势和社会功能，本着“融入社会、服务社会、贡献社会”的原则，加强学会工作的群众性、服务性、导向性，提高图书馆行业的学术研究水平和业务工作水平，适应建设创新型国家的需要，创新图书馆服务和管理理念，弘扬图书馆“智慧与服务”精神，促进图书馆为全面建设小康社会服务，为教育、科技、文化进步和人的全面发展服务。学会工作的总体目标是：在中国科协领导下，适应全面建设小康社会、共建和谐社会的需要，以满足社会文化需求、满足广大会员和图书馆工作者的需求为出发点，以改革和创新为动力，通过开展多种多样的学术活动和其他科普、教育、宣传、交流活动，扩大图书馆对社会的影响力和作用力，发挥学术团体和行业协会的双重功能，促进学会职能的完善，提高学会在业内和社会中的公信度。总体目标之下又细分出7个职能目标和6个重点目标。学会主要工作则包括学术研究与学术交流、行业服务与公共关系、科普宣传与全民阅读等7个方面。此规划是在对我国图书馆事业发展环境进行深入分析的基础上产生的，现实性与前瞻性兼具，理论性和实践性兼备，是第七届理事会对学会工作的郑重承诺，也是制定今后五年年度工作计划的重要依据。

学会存在的基础是会员（包括个人会员和团体会员）。2006年，召开了“企业会员新春联谊会”和“‘图书馆与阅读’·2006中国图书馆学会会员联谊晚会”，对会员服务作了一些新的尝试。在会员管理方面最大的突破是加强了对个人会员数据库的维护和更新，对会员缴纳会费情况在数据库中予以注册并在学会网站上公布，增加了组织信息的透明度。

新一届专门工作委员会相继在中国图书馆学会第七次会员代表大会之后召开成立大会。2005年11月，第七届学术研究委员会成立大会在杭州召开，由211名委员组成，下设15个专业委员会；2006年3月20—21日，第七届编译出版委员会成立大会在北京召开，由51名委员组成，下设3个专业委员会；2006年4月23—24日，第一届科普与阅读指导委员会成立大会在广东东莞图书馆召开，由88名委员组成，下设6个分委员会。新一届专门工作委员会相继成立，分别出台相应的组织规则和工作规划，为学会开展各项工作提供了有力的组织保证。尤其是第一届科普与阅读指导委员会的成立，标志着中国图书馆学会在推动全民阅读工作方面有了专门的组织机构和指导原则，在推动全民阅读、营造书香社会的过程中将发挥自己的历史使命。各委员会同时也为学会提供了深厚的智力资源，其中集合了中国图书馆行业的各路精英，这些委员积极为学会工作献计献策，身体力行。据统计，至2006年底，新一届专门工作委员会成立以来已召开各类专题研讨会10次，向政府有关部门以书面形式正式反映建议1次，起草相关行业领域规范2个。

2. 鼓励学术创新，搭建理论与实践相结合的平台，加大发现、扶植和培养中青年人才的力度

2006年，学会继续坚持“以学术研究促进事业发展”的方针，举办了3次大、中型学术会议：7月，近千名代表参加了在昆明召开的中国图书馆学会 2006 年年会，主题是“图书馆发展与和谐社会构建”；9 月，首次作为牵头学会组织了中国科协年会第 5 分会场，200 多位代表参会，主题是“科学技术普及与提高全民科学素质”；10 月，中国图书馆学会第三届青年学术论坛在福建武夷山市举行，与会者 80 余人，主题是“在创新中成长”。

这些会议都具有鲜明的特点：

（1）推崇学术民主。2006 年，学会将营造学术自由、平等的气氛贯穿于举办的各个学术会议中。首先在 2006 年年会上取消了沿袭已久的大会主席台，使演讲人成为唯一的主角，其后的科协年会分会场、青年学术论坛也坚持了这一做法；年会还打破以往专家作主旨报告的惯例，特邀深圳市文化局副局长李南生、杭州图书馆馆长褚树青、北京大学图书馆馆长戴龙基分别代表政府、公共图书馆和大学图书馆作主旨发言，从社会的视角来探讨图书馆的发展问题，体现了图书馆与政府、与社会以及不同级别图书馆之间的关系日益密切。第三届青年论坛则将专家学者与青年代表一同编入各组参与活动，创立了不论资格、不讲名望，“所有与会者都有权发言，同时也承担回答提问的义务”的民主办会模式，充分调动了青年代表参与讨论的热情和积极性，不同的观点交锋、碰撞，讨论得充分、热烈，收到了良好的交流效果；代表的遴选采用学会特邀、分支机构系统和地方推荐及公开征文相结合的方式，扩大了青年才俊的参与面。

（2）主、分会场有机衔接。2006 年年会主会场首次设立分会场主题阐释，分会场主持人程焕文、李国新、代根兴和邱冠华分别对年会的 4 个分主题作解读与阐释，使所有参会代表在分会场交流前即了解各分主题的特点和意义，为分会场交流提前预热，使得主、分会场首尾连贯，一气呵成；2006 年年会延续前两年设立“图书馆精神”和“图书馆权利”专题分会场，使现代图书馆精神和享用图书馆服务是公民的权利等先进理念愈加深入人心，使更多的人开始关注县级和乡镇社区图书馆。在第三届青年论坛上，除设立2个规定议题外，还通过海选产生3个“自选话题”进行开放式讨论，提高了青年人的参与度，活跃了会议气氛，激发了个性创意。科协年会分会场则联合中国青少年科技辅导员协会、中国地理学会、中国科学探险协会和自然博物馆协会等4个学（协）会，邀请多学科的院士、专家从不同角度作专题报告；之后又分别组织各学（协）会的单元会议，使会议既具有各学科综合性，又具有本学科独立性，两者之间做到了有机结合。

（3）征文评审创新形式。从2006年会开始，学会利用网站优势，在所有主办会议的征文过程中启用网络“征文系统”，构筑了论文作者、专家评委提交、评审论文的新平台，体现了公开、公平、公正的学术交流原则。很多评委认真地给每一篇文章写出较全面的评语，每一位作者都能看到评委对自己文章的评价。这种“一对一”的辅导，进一步启发了作者的研究思路，有助于提高其研究能力；遇有抄袭的文章，评委不留情面地指出抄袭之处，则挽救和教育了作者。在2006年会上，为进一步提高广大会员学术研究和论文撰写的水平，首次推出征文述评，图书馆学理论专业委员会委员李超平教授以“创新、求实和规范”为主题，对本次年会的征文作了全面的述评；第三届青年论坛中，图书馆学理论专业委员会委员于良芝教授作了论文评述，揭示了当前青年图书馆员和图书馆学研究者的所思所想所为，倡导了科学精神。征文系统和征文述评的推出，为端正学术风气，规范科研行为起到积极的促进作用。

（4）会场内外互动效果增强。2006年会，学会首次联合“新浪读书频道”，在会议期间对程焕文、李国新、褚树青、肖希明等专家进行了现场采访，而且对整个会议进行了全程报道；在龙源期刊网主办的第七分会场中，还特别设置了“新浪在线访谈”环节，让与会代表有机会“作客新浪”并在第一时间进行网络播报。

第三届青年论坛则有了进一步发展，首次依托厦门大学图书馆网站对会议全程进行实时网络直播，使会场内外融为一体，拓展了青年图书馆员和业界人士参与问题讨论的深度和广度，增强了会议的影响力和互动交流效果。

除策划、组织高质量的学术活动，学会还注重利用专业出版渠道，为业界搭建学术成果的传播平台。学会会刊——《中国图书馆学报》多年来一直致力于开展图书情报学理论及专业学术研究和交流，把握图书情报学和图书情报事业发展的基本定位；坚持为推动专业科研服务，为发展图书情报学和图书情报事业服务，为广大读者服务的宗旨。2006 年发表了多篇高水平论文，刊物质量又有新的提高。10 月，由编译出版委员会图书馆学期刊编辑出版专业委员会主办的第十次全国图书馆学期刊工作会议在江西井冈山市召开，会议对近五年来的期刊工作作了总结；为评选出的 12 种优秀期刊和 8 种受表彰期刊颁发了证书，其中《中国图书馆学报》再次以总分第一名的成绩被评为全国优秀图书馆学期刊。在专业图书方面，学会编辑出版了《中国图书馆年鉴》(2005 卷)、2006 年年会一等奖论文集和《县级图书馆生存发展启示录》。其中《县级图书馆生存发展启示录》为学会组织的“首届百县图书馆馆长论坛”论文精选，内容涉及县级图书馆自下而上现状与发展前景，文献资源建设，服务对象与服务模式，自动化、数字化、网络化等，全面展示了我国县级图书馆建设理论、实践、经验和成果。

3. 发挥决策咨询作用，加快行业标准化建设，以实际行动推动图书馆和谐发展

近年来，随着政府职能的转移，文化事业单位的体制改革和中国科协所属学会改革的不断深化，原本分布于各个特定系统中的图书馆的公共性、公益性等行业特征愈加突出，行业整体协调功能的客观需求日益凸现。2006 年，学会在保持学术主体性的同时，为适应社会和行业的需求及拓展自身的生存空间，通过一系列工作明确和强化了学会的行业指导、协调和规范职能。

为充分履行“为国家文化、教育、科技发展战略、政策和经济建设中的重大决策，以及我国图书馆事业的法规政策的制定提供咨询服务”的职责，学会于2005年创办了“新年峰会”。这是学会开展民主调研、促进科学决策、发挥咨询作用的一项民主机制。这一机制挣脱了“人”，关注并以之为核心的是“最大的事”和“与大事最相关的人”，故谓之为“峰”，与参会人的官职、官位、职称、级别、知名度等没有直接关系，只与参会人做的事有直接关系，所以与通常意义上的“峰会”有本质不同。每次会议召开前，学会在征询有关专家意见的基础上，精心拟定图书馆界面临的热点、关键问题为会议议题；邀请相关学界专家，各级公共、高校、专业图书馆馆长以及政府部门官员等各方代表参会；对议题的落实进行相应的部署和督促。2006年1月和12月，学会分别在海口、苏州召开2006、2007新年峰会。2006新年峰会的4个议题是：图书馆法制环境的构建与行业自律；县级图书馆的生存与发展；西部高校与高职高专图书馆的振兴与发展；图书馆公共关系。在2007新年峰会上，与会代表围绕贯彻落实《国家“十一五”时期文化发展规划纲要》，研讨和展望政府、学会、图书馆三者之间的关系、作用这一核心议题，分别就图书馆核心价值的再认识、图书馆服务网络模式构建、图书馆立法进程与需求、中国图书馆学专业教育与职业需求、中国图书馆学会志愿者行动等5个分议题进行了热烈、深入的研讨，并就之后的落实工作逐项布置。这项民主机制收到很好效果，已成为常务理事会确定一年或一个时期工作主线和重点突破口的极为重要的参考和依据，宏观引导和具体落实并举，有力地推进了学会工作。

《公共图书馆建设标准》（以下简称《标准》）是文化部和建设部于2005年首次委托学会编制的国家标准。2006年，该标准的编制工作取得了显著进展：编制组共召开 11 次研讨会；对北京、黑龙江、安徽等地 16 个不同级别的公共图书馆进行实地调研，在调研过程中，多次与当地文化主管部门领导和图书馆相关人员进行座谈，广泛征求各级公共图书馆对建设标准的意见和建议；发放《全国公共图书馆建设规模及现状调查表》1000 余份，收集了大量公共图书馆建设方面的数据和建筑图纸。通过实地调研、整理分析各种数据和参考国家相关政策，形成了《标准》条文的初稿和条文说明，并多次征求文化部和建设部有关领导的意见后进行修改。其间，编制组还编写了 5 期《标准》简报，撰写了《关于公共图书馆建设标准规模分级与面积指标研究》、《我国不同地区公共图书馆现状》、《我国公共图书馆自动化、网络化和数字化建设发展现状》、《编制公共图书馆建设标准实地调查报告》等专题报告，编辑了《标准》参考文献资料汇编等。至 2006 年底，《标准》已顺利进入征求意见阶段。《标准》的编制过程中，涉及了多个政府部门和行业单位，因此使学会的组织协调职能得以充分彰显。

编制《标准》是学会承接政府职能转移的一项重要工作，说明经过近些年的不断努力，学会的行业权威和政府对学会的信任度均有所增强，意义可谓重大。但它毕竟是一项被动工作，学会还通过主动出击为业内争取权利。2006 年上半年，围绕国家《信息网络传播权保护条例》的出台，学会联合国家图书馆、业内专家学者多次调研、讨论，于 4 月向国务院法制办正式递交了《关于对〈信息网络传播权保护规定〉的意见》，得到有关领导部门的充分认可，在最终正式公布的条例中设置了图书馆相关豁免条款。这是学会参与国家立法的一次积极行动，也是学会首次以书面形式向政府有关决策部门反映业内的诉求与呼声。2006 年 10 月“南京馆藏图书展销会”期间，由资源建设与共享专业委员会起草的《图书馆文献采访工作者行为准则》（征求意见稿）得到与会代表的热烈讨论，该准则在馆藏图书领域提出倡导行业自律和规范供需市场共建和谐的主题，对图书馆采编工作的职业行为进行规范和引导。这些“主动而为”的事情证明：中国图书馆学会从来没有像今天这样重视行业规范和行业自律，也表明我国图书馆事业正在从行业自为迈向行业自觉，从感性发展迈向理性发展。

2006年，学会紧紧抓住“构建和谐社会”这一热点问题，根据图书馆行业的特点和需求，首次开展了中国图书馆学会志愿者行动“基层图书馆馆长培训”。此次培训的宗旨是奉行奉献、友爱、互助、进步的准则，秉承智慧与服务的图书馆理念，发挥图书馆专家人才的资源优势，为全国图书馆提供志愿服务，促进图书馆事业的全面和谐发展；主要内容是组织全国图书馆界有影响的理论工作者和实际工作者，对欠发达地区县级图书馆管理者为主的基层图书馆工作者进行专业培训。3月—7月，学会通过在网上发布志愿者招募公告，评估遴选志愿者，召开“基层图书馆馆长培训方案研讨会”，起草《中国图书馆学会志愿者行动试行方案》，编辑印刷培训教材等一系列工作，为本次志愿者行动在年会上成功启动做了充分准备。2006年会之后，26位志愿者分成3个组，分别由学会副理事长陈力、王余光、杨沛超带队，前往湖南省衡阳市、陕西省榆林市和黑龙江省牡丹江市，对三省的307名基层图书馆馆长进行了培训。本次志愿者行动历时5个月，是贯彻党中央建设社会主义新农村、繁荣和发展农村文化事业的一个创新举措，是解决基层图书馆问题的一次实际行动，对我国图书馆事业的和谐发展起到积极的促进作用。

4. 抓住中文成为国际图联工作语言的契机，提高中国图书馆界的国际声誉和影响力，增加国际合作项目中的实质性内容

2006年，在国际交流工作中取得了重大突破：经以学会为代表的中国图书馆界长期不懈的努力和争取，中文终于成为国际图联（IFLA）工作语言。中文工作语言政策的顺利实施，亟待大量资金支持。为此，文化部划拨 20 万元专款给予支持；学会则向全国图书馆界发起了筹措 2006 年国际图联中文工作语言经费的募捐活动，得到国内图书馆相关单位的热烈响应。在政府的支持和中国图书馆界的共同努力下，中文工作语言政策得以顺利落实。8 月 19 日，具有里程碑意义的中文代表预备会议在第 72 届 IFLA 大会开幕之前召开，近 200 位中国和海外华人代表共同庆祝中文成为国际图联工作语言。国际图联主席拜恩先生发表贺词；当选主席卢克斯女士到会祝贺，并与学会理事长詹福瑞、文化部副司长刘小琴和 IFLA 管理委员会委员张晓林一起为《国际图联快报》（中文版）第一期揭幕。中文工作语言政策的实施主要体现在印制《国际图联快报》（中文版）并免费发放给参会代表和在会场增设中文同声传译。在本次 IFLA 大会上，由学会秘书处和国家图书馆工作人员组成的中文语言工作组，共翻译、印制《国际图联快报》（中文版）7 期，总计 3500 份；学会还在 17 个分会场及主要会场设立了同声传译服务。为纪念十年间中国图书馆人为工作语言付出的努力，学会特别编印了《国际图联快报号外》，记述了中文成为国际图联工作语言的历程，对支持 2006 年国际图联中文工作语言的单位和个人表示感谢。中文成为国际图联工作语言，将为中国代表直接表达观点提供便利条件，从而充分实现中国代表的话语权，有利于提高中国在国际图联的影响力。

自 1998 年以来，学会每年组织会员和图书馆界同行参加国际图联大会，即“走出去”；同时，自 1999 年学会首届年会开始，每年邀请国外同行参加学会年会并参与学术交流，即“请进来”。2006 年，学会扩大了交流范围，组织了两次出访活动。6 月 17 日—7 月 2 日，组织 36 名代表赴美国新奥尔良市参加美国图书馆协会（ALA）年会，并参观美国国会图书馆等 6 个主要图书馆。8 月 20—24 日，组织 158 名代表参加在韩国首尔举行的第 72 届 IFLA 大会，此前组织 80 名代表参加在日本东京召开的卫星会议，并参观日本、韩国的12个主要图书馆。16名中国代表作了论文交流，是中国代表在历届IFLA大会上交流论文最多的一次。为配合此次大会，学会秘书处撰写了《中国图书馆事业发展现状》一文，刊登在《国际图联杂志》专刊上，以加深世界各国图书馆界对我国图书馆事业的了解。3月和7月，学会分别接待了美国图书馆协会、美国华人图书馆员协会2个来访团组，后者参加了中国图书馆学会2006年年会，并有8人在各分会场发言。

学会除组织出访与接待来访，还在2006年开展专业培训、继续教育工作中与国外图书馆协会联合，邀请国外专家来华讲学。3月，举办“中英图书馆管理高层论坛暨如何当好图书馆馆长研讨班”，特邀英国图书馆协会主席、苏塞克思大学图书馆馆长戴比·肖里女士和东伦敦大学图书馆安德鲁·麦克唐纳先生，分别就“21世纪英国高校图书馆展望”和“图书馆的战略规划、市场与营销及图书馆建筑”等作了专题报告，这也是英国文化委员会资助的2004—2005年中英图书馆交流项目；10月，举办“图书馆管理与服务创新研讨班”，邀请德国维尔兹堡图书馆馆长汉内洛蕾·福格特女士就“以客户为本的图书馆管理与经营策略”作了专题报告。

在2006年的国际交流活动中，学会将视野不仅局限在国际图联大会、学会年会这些传统范围，而是开拓思路，扩大交往，增加实质内容，即学会不只承担组织者的角色，还抓住时机，主动与美国、英国、日本、韩国、加拿大等国外图书馆协会会晤，就双方之间的交流与合作进行探讨，达成共识，为今后的合作打下良好基础。而英、德两国专家的来华讲学即是交流带来的成果，为我国图书馆管理者带来了新视角和新方法。

5. 开展多种形式的科普与阅读活动，提升公众的科学文化素质，实现和拓展图书馆的社会价值

图书馆在开展科普工作尤其是“全民阅读”工作中具有天然

的资源优势。近几年来，学会立足本行业的这一特点，充分发挥图书馆的资源优势，秉承“智慧与服务”的职业精神，将“促进社会阅读”作为科普工作的核心和抓手，通过与有关政府部门、兄弟学会及其他社会团体的相互协作，利用图书馆文献、人力、财力，特别是名人专家资源和读者资源，从内容和品位上提高科普质量，从参与度上扩大科普受众面，从形式和效果上保障科普持续性，从宣传和推广上增强科普影响力，在每年的重要纪念日、主题日开展阅读宣传活动，打造出自己的“全民阅读”品牌，为建设学习型社会、书香社会作出突出贡献。

2006 年 3 月，国务院发布《全民科学素质行动计划纲要(2006—2010—2020 年)》，提出全民科学素质行动计划在“十一五”期间的主要目标、任务与措施和到 2020 年的阶段性目标，并提出“政府推动，全民参与，提升素质，促进和谐”的行动方针。为实现“全民阅读”的“全民参与”，使“全民阅读”的推动工作能深入持久地开展下去，从 2004 年开始，学会即每年发出“关于开展全民阅读活动的通知”，请各分支机构、各地方学会指导全国各级各类图书馆，结合图书馆业务工作，联合社会力量，根据当地实际情况开展多种形式的读书活动。2006 年，学会利用自身优势，组织全国图书馆界力量，统一部署，一致行动，其中最突出的就是“世界读书日”宣传活动。

学会组织“世界读书日”宣传活动始于 2004 年。2006 年的 4 月 23 日是联合国教科文组织确定的第 11 个“世界读书日”。为响应中宣部等 11 个部委共同向社会发出的关于开展“爱读书，读好书”全民阅读活动的倡议，学会与国家图书馆联合社会各界力量，在国家图书馆文津广场举办了主题为“图书馆：公众的权益和选择——来吧，到这里读书”的大型公益活动，内容包括经典美文诵读、捐赠图书等，参与者 600 余人。中国科协主席周光召等 11 个部委的领导，联合国教科文组织驻京代表、美国驻华使馆官员等嘉宾出席了活动；联合国教科文组织授予学会“世界读书日”徽标在中国的使用权；国家图书馆和学会发出《图书馆——读者的权益与选择》的倡议。当天，学会还重点支持了在北京大学校园、济南、东莞等地举行的科普宣传活动。而在此之前，学会已向全国图书馆界发出《关于开展2006年全民阅读活动的通知》，并通过学会网站、《工作通讯》宣传各地图书馆开展“世界读书日”活动的信息。各地图书馆交相呼应，使“世界读书日”宣传活动形成整体声势，有效扩大了图书馆阅读活动的影响和受众面，获得了良好的社会效益。据不完全统计，2006年有近百家图书馆开展了“世界读书日”宣传活动。

自2004年开始，学会每年参加“全国科普日”宣传活动。2006年9月，学会组织16家图书馆共同参与了中国科协在北京举行的全国科普日“健康博览会”活动。根据本行业的学科特点，学会推出了“图书馆：现代生活的第二起居室——健康生活　快乐阅读”的活动主题，重点推介“健康阅读、快乐生活”新理念和“阅读疗法”新概念，塑造了图书馆公开、共享、公益的良好社会形象，受到读者热烈欢迎，产生良好互动效果。《大众科技报》在9月19日“健康周刊”头版做了半版的大幅报道并刊登了“阅读疗法”及处方。因组织工作得力，学会被中国科协评为“全国科普日活动先进单位”。

除在重要纪念日、主题日开展阅读活动，学会还通过各种渠道将“全民阅读”纳入图书馆日常工作。1月12日，由学会和《中国文化报》共同组织实施的2005年《知识工程推荐书目》发布会在文化部隆重举行，对入选推荐书目430种图书的132家出版社颁发了荣誉证书。一年来，学会通过网络、年会等多种渠道宣传推荐书目，全国20余个省市的图书馆也积极参与了推广活动：有的图书馆以推荐书目为依据，为基层图书馆配送图书；有的图书馆设立了推荐书目专架，引导读者阅读，共同推动全民读书活动的不断深入。11月，学会与中国出版工作者协会、光明日报社、中国青年报社、中国新闻出版报社、深圳市委宣传部等在深圳联合主办了“全国读书文化研讨会”。与会者就“全民阅读与和谐社会建设”、如何把阅读作为一种文化现象进行研究和推动等主题进行了探讨，并一致通过《关于全民阅读的深圳宣言》。

为鼓励业内外更多地参与阅读推广工作，学会积极建立激励机制，创设全民阅读奖项。2004年，首次设立“阅读推广贡献奖”，表彰邵逸夫、中华文学基金会等10个社会机构、团体和个人，唤起社会力量支持中国图书馆事业的发展。2005年，首次推出中国图书馆学会“全民阅读奖”，专门用于表彰在上一年度全民阅读推广活动中组织得力、富有创意、取得良好社会效益的学会和图书馆。2006年，共评出4个图书馆学会荣获“2005年全民阅读活动优秀组织奖”，10个图书馆荣获“2005年全民阅读活动先进单位”，总数比上年增加4个，获奖覆盖面扩大至11个省（自治区、直辖市），有效地调动起全国各级各类图书馆参与全民阅读，创先争优的积极性和创造性，受到界内一致欢迎和响应。

科普活动必须走“大联合”的道路才能产生更好的社会效果。因此，学会在联合图书馆的同时，还注意吸引社会资源，促进多边合作共赢。8月，学会在国家图书馆举办了“中国农业生物多样性”展览，该展览由德国技术合作公司代表德国联邦经济合作发展部与中国农业部科技发展中心主办；4月—10月，为纪念红军长征胜利70周年，学会联合文化部全国文化信息资源建设管理中心与红军长征经过的江西、福建、广东、广西、湖南、贵州、四川、重庆、云南、甘肃、宁夏、陕西、湖北、河南、新疆等省级分中心，共同开展“文化共享长征行”活动，学会在以上各省举行了“汉字—甲骨文到计算机”巡回展；此外，全年组织了“纪念日科普展”、“德国景观建筑展”等5个主题展览，在全国28家图书馆巡展，观众达50 000人次。这些科普展览充分利用图书馆得天独厚的地缘、人缘和设施，有效提高了科普活动组织工作的效率和效益，形成互利互惠，促成资源共享、多赢共进的局面，营造了学会与图书馆之间、学会与其他社会机构之间良好的合作氛围。

2006 年举办的“中国科技期刊展”则是由学会负责实施的中国科协重点资助项目，是中国科协“中国科技期刊国际推广计划”的重要组成部分。学会先后在美国图书馆协会年会、中国图书馆学会年会和国际图联大会等国内外大型会议的展览会上隆重推出“中国科技期刊展”，以展板、宣传册、多媒体、现场电脑演示等方式，全方位展示了中国科协旗下的500余种中国科技期刊，受到国外图书馆和出版发行机构的关注与欢迎。此次展览开辟了一条让中国科技期刊和科学技术成果走向世界，参与国际交流的重要途径，也是学会为国家科技创新服务的一次重要行动。

6. 重视公关与宣传，搭建信息传播平台，逐步建立由内到外的宣传网络

学会作为社会团体要发挥党和政府联系图书馆工作者的桥梁、纽带作用，同时也为自身发展营造良好的外部生存环境，因此公关和宣传是非常重要也非常必要的一项工作。2006 年，学会由内到外对这项工作进行了深化。

在内部，对会员通讯——《中国图书馆学会工作通讯》在版面上进行改进，内容更加侧重对学会和界内大事的深度报道，如 4·23 世界读书日、学会首次志愿者行动、图书馆与社会主义新农村建设等，力图为会员提供更加丰富、可借鉴的信息。对学会网站进行全面改版，为展示学会的各项工作，加强业界沟通与交流设立了 10 多个频道，数十个栏目，扩大了信息传输量，加快了网页更新速度，全年更新制作网页千余个，图片500余幅，学会网站从内容到形式都更加丰富多彩，得到各界人士的关注，全年浏览量达 80 000 余次。在第三届青年学术论坛期间，学会依托厦门大学图书馆网站首次实现了对会议的网络实时报道，增强了互动效果。

在外部，针对事关图书馆行业的国家相关政策、规定、标准等的制订与出台，在发挥学会决策咨询作用的同时，有组织、有策划、有效果地开展面向政府、企业、社会机构、媒体等的公关宣传工作。一方面，通过与国务院法制办、文化部、建设部、国土资源部、教育部、国家版权局、新闻出版总署、发改委，中国版权协会、中国出版工作者协会、中国发行协会等的接触与沟通，维护图书馆界的权益；另一方面，通过与中宣部、中国科协的沟通和《人民日报》、《科学时报》、《新华书目报》、新浪网等的交流合作，宣传推广学会的形象，利用面向社会的大众媒体做专文专访和深度报道，广泛宣传图书馆，扩大了图书馆和图书馆学会在业内外的影响，也逐步建立了重点媒体宣传网络。

据统计，在 2006 年，对学会的相关报道网络媒体有 500 余篇，报纸、杂志等大众平面媒体有 79 篇，电视媒体 6 次。此外，图书馆界较为知名的 20 多家博客，如“老槐也博客”、“竹帛斋”、“超平的博客”、“大旗底下”、“书间道”等也与学会的各项活动交相呼应，对学会组织的重大活动，如年会、志愿者行动、青年论坛、新年峰会等，反响热烈，评论颇多。这些现象表明，业内外对学会及其活动的关注正日益增强，学会的社会影响力在逐步提高。

三、发展中的问题，问题中的探索

学会在近几年来取得了快速发展，但是也不可避免地存在一些问题，有些是长期以来未得到解决的老问题，有些是社会发展带来的新问题，但总的来说，都是学会发展中的问题，因此应该用发展的方法加以解决。

1. 如何提高学会的学术权威性

学会通过连续策划、组织高层次、高质量的学术交流活动，如年会、青年论坛等，使学术活动形式不断创新，交流效果日益增强，但作为一个群众性的学术团体，学会的学术权威性仍需要增强。学会应团结与发动全国的研究力量，使更多的专家学者参与学会的学术活动，使学会成为学术研究重要的组织者和推动者；加强图书馆学相关理论的研究工作，如开展具有针对性和实效性的专项调查研究等，产生一批在界内具有影响力的学术成果；健全学术评价机制和学术规范，倡导良好学风，提倡理性怀疑和学术争鸣，营造激励创新、尊重个性、宽容失败的良好氛围，建设和谐学术生态；在会议策划上，应更加深入了解图书馆工作者的需求，注重与现实社会的结合度，使学术会议达到更好地解决实际问题的效果，进一步提高学术活动的质量和效率。

2. 如何提高学会的行业权威性

作为我国图书馆界的行业代表，学会肩负着协调和引领我国图书馆事业发展的职责。2006 年，学会通过策划、组织新年峰会，积极参与《信息网络传播权保护条例》的立法过程，编制《公共图书馆建设标准》，制定《图书馆文献采访工作者行为准则》等行业规范，扩大了学会的行业影响力，提高了学会的行业权威性。但是，在政府职能转变、学会职能日益加强的今天，中国图书馆学会的行业影响力和权威性仍有很大的发展空间，需要我们去进一步探索和研究：应更加积极、主动地发挥连接图书馆与政府、与社会各界的纽带与桥梁作用，建立一个能充分代表图书馆整体利益和意志的有效的决策应对和反馈机制，充分履行作为行业利益代言人的职责；调动更多业内专家的智慧，参与制定、完善图书馆各相关领域的行业规范、行业标准，使其成为一个科学、完整的行业规范体系；掌握中国图书馆行业的基本素材和数据，形成具有说服力的宏观与专项调研报告供业内乃至相关政府部门参考，进而从积极而有效的层面发挥学会的咨询服务功能，影响国家有关图书馆政策、策略的调整与完善。

3. 如何提升学会的社会影响力

近年学会虽然通过组织一系列大型公益活动和科普展览为全民阅读工作作出了贡献，扩大了学会的社会影响，提高了政府对学会的信任与支持，但是，社会民众对学会的认同感和信任度仍然十分有限，学会的社会影响力仍然十分有限。为了提升学会的社会影响力，应在几方面下工夫：贯彻《全民科学素质行动计划纲要》“政府推动，全民参与，提升素质，促进和谐”的方针，立足行业特点，充分发挥图书馆的资源优势，开展更多形式的科普阅读活动；利用学会组织优势，引导、整合全国图书馆界力量，使图书馆成为全民阅读的基地，将同类活动逐步纳入同一系列，统一部署，重点扶持，以点带面，形成全国性或区域性整体声势，以有效扩大图书馆科普与阅读的影响力；充分利用图书馆的“科普场馆”优势，与中国科协系统的学会、各企事业单位及社会机构密切合作，为各种公益性科普活动提供场所和服务，促进多边合作共赢，为长期的发展铺路架桥。

4. 如何扩大学会的国际影响力

2006年，中文成为国际图联工作语言创造了一个将中国学者推向国际舞台的很好契机，但是，我国的国际化图书馆学者还是为数太少，中国图书馆的学术研究在国际图书馆学界的影响力也十分有限。如何将我国的图书馆学研究成果推向国际，如何提高我国图书馆学术界在国际图书馆学界的学术地位，这方面的工作是非常艰巨的，最严峻的是面临经费问题。学会应充分利用中文成为国际图联工作语言这一契机，为更多的中国学者提供参加国际图联大会的机会；应积极主动与世界各国图书馆协会开展双边和多边联系，产生合作项目，实现合作共赢；在条件成熟的情况下，在国内举办国际学术会议；提高国内学术会议的水平，吸引更多的国外同行参会。

5. 如何增强学会的内部凝聚力

“七大”以来，学会在组织建设方面取得了一些突出成绩，如实施“理事建议案”即成功地调动了理事参与学会工作的热情，但在组织运行上仍存在不足，相当一部分理事、常务理事对学会事务关注不够，个别理事不参与学会事务；一些专业委员会组织活动不力；会员发展数量少，为会员服务不够到位；各分支机构、各级各类图书馆之间的沟通、联系与合作有所欠缺，表明学会的内部凝聚力仍需增强。增强学会的内部凝聚力应从制度—人员—机构三方面着手改进工作。制度方面，应根据社会发展需要和学会自身发展需求不断完善学会各项规章制度，积极探索建立有利于学会自律、自立、自主发展的组织体制和运行机制。人员方面，做好联系会员、服务会员、发展会员的基础性工作，以会员为主体，多渠道、多途径吸收和发展个人会员、团体会员，探索建立多元结构的会员制度；强化服务意识和服务能力，把会员是否满意作为衡量学会工作的主要标准，按照“会员优先、会员优惠”原则满足会员需求，维护会员合法权益；充分发挥理事、常务理事的作用，坚持民主办会，实行民主管理和民主监督，提高学会决策效率和执行能力，提高理事会、常务理事会到会率；规范办事机构的管理，学会秘书处实行岗位聘任、专职与兼职相结合的用人方式，建立精干、高效、高素质的专兼职人员队伍。机构方面，加强对各分支机构的管理；加强对各委员会、各地方学会工作的指导、协调和支持；结合国家经济、政治、文化和社会发展战略及有关政策措施，重点支持相关系统的学会、委员会开展工作，增强学会的整体实力。

2005年12月，学会被评为中国科协第五届先进学会。这是学会自成立以来首次获此荣誉，既是对学会以往工作的肯定，又是极大的鼓舞和鞭策。在2006年这个“十一五”规划的开局之年，学会在七届理事会的领导下，在全体会员和广大图书馆工作者的支持下，在实践中不断创新，为我国图书馆事业的发展、为社会的协调发展作出了新的贡献。但是学会的发展不能脱离现实，无法满足时代需求的学会将无法生存。我们必须立足现实，切实做好学会各项工作，着力解决学会发展面临的突出问题，在不断探索中求得新的、可持续的发展。

附　　录

中国图书馆学会组织机构表

- 全国会员代表大会
  - ↓ 理事会
    - ↓ 常务理事会
      - ↓ 秘书处
- 理事会
  - 专门工作委员会
    - 学术研究委员会
      - 图书馆学理论专业委员会
      - 目录学专业委员会
      - 图书馆法律与知识产权研究专业委员会
      - 资源建设与共享专业委员会
      - 用户研究与服务专业委员会
      - 数字图书馆研究与建设专业委员会
      - 标引与编目专业委员会
      - 图书馆史研究专业委员会
      - 古籍整理与文献保护专业委员
      - 地方文献研究专业委员会
      - 图书馆学教育与培训专业委员会
      - 图书馆建筑与设备专业委员会
      - 社区和乡镇图书馆专业委员会
      - 少年儿童图书馆专业委员会
      - 少数民族图书馆专业委员会
    - 编译出版委员会
      - 图书馆学著作编辑出版专业委员会
      - 图书馆学期刊编辑出版专业委员会
      - 《中国图书馆年鉴》编辑工作委员会
    - 图书馆交流与合作委员会
    - 科普与阅读指导委员会
      - 专家委员会
      - 阅读文化研究委员会
      - 推荐书目委员会
      - 家庭藏书读书委员会
      - 图书馆与社会阅读委员会
      - 媒体与社会阅读委员会
  - 分支机构
    - 专业图书馆分会
    - 军队院校图书馆委员会
    - 党校图书馆委员会
    - 工会图书馆委员会
    - 团校图书馆委员会
    - 医院图书馆委员会
    - 中小学图书馆委员会
    - 高等学校图书馆分会
  - 中国图书馆学报

第一至三届青年学术论坛会况比较

届次 内容	第一届 （2002 年）	第二届 （2004 年）	第三届 （2006 年）
主　题	向知识化、网络化、社会化、国际化迈进的中国图书馆	新青年、新理念、新秩序——知识传播与图书馆变革	在创新中成长
参会代表	推荐产生	推荐产生	征文作者、推荐代表
会议征文	会前每位代表提交对某分主题的摘要或者发言提纲	——	会前征文
大会内容	3 位专家作主旨报告	5 位专家作主旨报告	依分主题设置专题论坛，代表自由发言、集体讨论
专家点评	——	大会及分会场发言点评	大会发言点评
分主题产生	预先确定的 5 个主题	预先确定的 3 个主题	由代表海选话题确定
分会场形式	教室形式	教室形式及圆桌形式	圆桌形式桌椅摆为蜿蜒曲折形
分会场主持人	预先确定	预先确定	自选话题胜出者
论文评述	——	——	评述征文总体状况
活动分组	全体代表分 3 个组	全体代表分 3 个组	全体代表分 20 个组
论坛荣誉称号	——	——	学术之星、论坛之星、创意之星
专题活动	漫谈图书馆情缘、个人空间	绍兴夜话、曲水流觞	幔亭夜话
网络实时直播	——	——	网络实时直播

2006年中国图书馆学会“基层图书馆培训志愿者行动”志愿者名单

衡阳组

领　队：	陈　力		中国图书馆学会副理事长、国家图书馆副馆长、研究馆员
副领队：	刘忠平		湖南省衡阳市图书馆馆长
	胡京波		中国图书馆学会秘书处副研究馆员
成　员：	范并思		华东师范大学商学院信息学系主任、教授
	金武刚		华东师范大学商学院信息学系副教授
	郭　斌	女	北京市西城区图书馆管理协会会长、副研究馆员
	唐承秀	女	南开大学图书馆副研究馆员
	王　涛	女	江苏经贸职业学院图书馆副馆长、副研究馆员
	叶新明		浙江科技学院图书馆副研究馆员
	李超平	女	浙江大学信息资源管理系副主任、副教授

榆林组

领　队：	倪晓建		中国图书馆学会副理事长、首都图书馆馆长、教授
副领队：	徐大平		陕西省图书馆副馆长、研究馆员
	卓连营		中国图书馆学会秘书处副研究馆员
成　员：	李国新		北京大学信息管理系教授
	徐建华		南开大学商学院信息资源管理系教授
	王惠君		佛山市图书馆馆长、研究馆员
	杨玉麟		西北大学公共管理学院副院长、教授
	王学春		河南大学图书馆副馆长、副研究馆员
	陶　青		无锡市图书馆技术部主任、副研究馆员
	毕红秋	女	黑龙江省图书馆采编部主任、研究馆员
	刘小云	女	南京图书馆副研究馆员

牡丹江组

领　队：	杨沛超		中国图书馆学会副理事长、中国社会科学院文献信息中心主任、教授
副领队：	师丽梅	女	黑龙江省图书馆副馆长、研究馆员
	尹岚宁	女	中国图书馆学会秘书处副研究馆员
成　员：	于良芝	女	南开大学商学院信息资源管理系教授
	郑　玲	女	安徽大学图书馆副研究馆员
	邱冠华		苏州图书馆馆长
	富　平	女	国家图书馆数字图书馆处处长、研究馆员
	于爱君	女	黑龙江省图书馆副研究馆员
	王世伟		上海图书馆党委副书记、教授
	尤敬党		无锡市第一女子中学图书馆馆长、副研究馆员

2006 年中文工作语言募捐名单

一、社会团体

中国图书馆学会

上海图书馆学会

二、事业单位

中国国家图书馆

中国科学院文献情报中心

清华大学图书馆

国家行政管理学院图书馆

浙江图书馆

中国人民解放军医学图书馆

杭州图书馆

苏州图书馆

北京大学图书馆

中国医学科学院信息研究所

中国科学技术信息研究所

上海行政管理学院图书馆

无锡市图书馆

北京市委党校图书馆

北京工业大学图书馆

重庆合川图书馆

太原市图书馆

广西壮族自治区图书馆

辽宁省图书馆

哈尔滨市图书馆

三、企业单位

3M 中国有限责任公司

汤姆森科技信息集团公司

中国图书进出口总公司
常州科晶电子有限公司

四、个人
柴新军
中国图书馆学会个人会员（未署名）
丹英
黄群庆